旅行社规范经营法规解读

王立群　编著

中国旅游出版社

责任编辑：刘志龙
责任印制：闫立中
封面设计：中文天地
策　　划：孙　硕　宋海平　庄寄望　朱承蓉　忻士浩

图书在版编目（CIP）数据

旅行社规范经营法规解读 / 王立群编著. -- 北京 : 中国旅游出版社, 2019.7（2023.8重印）

ISBN 978-7-5032-6307-1

Ⅰ. ①旅… Ⅱ. ①王… Ⅲ. ①旅行社－企业经营管理－法规－法律解释－中国 Ⅳ. ①D922.296.5

中国版本图书馆CIP数据核字(2019)第157604号

书　　名：旅行社规范经营法规解读

作　　者：王立群编著
出版发行：中国旅游出版社
（北京静安东里 6 号　邮编：100028）
http://www.cttp.net.cn　E-mail:cttp@mct.gov.cn
营销中心电话：010-57377103，010-57377106
读者服务部电话：010-57377107
排　　版：北京旅教文化传播有限公司
经　　销：全国各地新华书店
印　　刷：北京工商事务印刷有限公司
版　　次：2019 年 7 月第 1 版　2023 年 8 月第 2 次印刷
开　　本：720 毫米 ×970 毫米　1/16
印　　张：17.25
字　　数：274 千
定　　价：42.00 元
ISBN　978-7-5032-6307-1

前　言

《中华人民共和国旅游法》于2013年10月1日施行，使旅游行业全面迈入依法治旅、依法兴旅的新时代。旅行社行业又是旅游行业的核心，规范经营成为旅游经营者、旅游行业协会、各级旅游管理、培训部门的必修课，从业人员翘首期盼能有一本“旅行社规范经营法规解读”，读完一本书就能理解并掌握旅行社规范经营的主要规定。作者以20余年旅游法律从业经验为基础，撰稿完成本书。

由于时间紧、任务重，书中难免存在纰漏和不足，真诚希望各位读者不吝赐教，以便后续做得更好。

目 录

CONTENTS

法　律

《中华人民共和国旅游法》涉及旅行社的二十要点及罚则

2013年4月25日，十二届全国人大常委会表决通过了《中华人民共和国旅游法》(以下简称《旅游法》)，由国家主席习近平签发主席令予以公布，自2013年10月1日起施行。该法自1982年国务院有关部门着手起草以来，走过了30多年立法历程。旅游法采取综合立法模式，共设10章112条。现针对《旅游法》与现行旅游法规、司法解释相比，新增加或加重处罚的涉及旅行社的规定，归纳出20个要点分述如下：

一、残疾人、老年人、未成年人参加旅游依法享有特殊保护

《旅游法》第十一条："残疾人、老年人、未成年人等旅游者在旅游活动中依照法律、法规和有关规定享受便利和优惠。"

《旅游法》第七十九条第三款："旅游经营者组织、接待老年人、未成年人、残疾人等旅游者，应当采取相应的安全保障措施。"

根据规定，旅行社接待该三类人参加旅游，非但不能差别对待增收费用，反而要依法给予便利和优惠，并且应当采取相应的安全保障措施。如该三类人在旅游中发生人身、财产损害的，旅行社要举证已采取相应的安全保障措施，否则就将承担相应的民事赔偿责任。

二、大力度打击"零负团费"，涉事旅行社及导游、领队、有关管理人员，可最高处吊证及三年禁业重罚，记入信用档案，向社会公布

《旅游法》第三十五条第一款："旅行社不得以不合理的低价组织旅游活动，诱骗旅游者，并通过安排购物或者另行付费旅游项目获取回扣等不正当

利益。”

【罚则】旅行社违反上述规定的，根据《旅游法》第九十八条、一百零三条、一百零八条规定，由旅游主管部门责令改正，没收违法所得，责令停业整顿，并处三万元以上三十万元以下罚款；违法所得三十万元以上的，并处违法所得一倍以上五倍以下罚款；情节严重的，吊销旅行社业务经营许可证；对直接负责的主管人员和其他直接责任人员，没收违法所得，处二千元以上二万元以下罚款，并暂扣或者吊销导游证。被吊销导游证的导游、领队和受到吊销旅行社业务经营许可证处罚的旅行社的有关管理人员，自处罚之日起未逾三年的，不得重新申请导游证或者从事旅行社业务。对违规的旅行社及其从业人员，旅游主管部门和有关部门应当记入信用档案，向社会公布。

有时，旅行社正常的促销，一定事先有方案，这个方案要留存好；产品的价格是否合理，每一个旅行社都有自己的成本，都有自己的渠道来控制成本。旅行社在有关部门调查时，可以举证说明其促销低价的合理性。

三、不得指定购物场所、不得安排另行付费旅游项目，涉事旅行社及导游、领队、有关管理人员，可最高处吊证及三年禁业重罚，记入信用档案，向社会公布

《旅游法》第三十五条第二款:“旅行社组织、接待旅游者，不得指定具体购物场所，不得安排另行付费旅游项目。但是，经双方协商一致或者旅游者要求，且不影响其他旅游者行程安排的除外。”

根据上述第二款的但书规定，如果旅游者和旅行社在旅游购物选择或另行付费旅游项目方面协商好并签署了有关具有法律效力的文本，旅行社在履行这些协议的时候，则不存在强迫问题。

《旅游法》第三十五条第三款:“发生违反前二款规定情形的，旅游者有权在旅游行程结束后三十日内，要求旅行社为其办理退货并先行垫付退货货款，或者退还另行付费旅游项目的费用。”

【罚则】旅行社违反上述规定的，根据《旅游法》第九十八条、一百零三条、一百零八条规定处罚，同上所述。

四、不按规定安排领队、导游的旅行社及有关管理人员，可最高处吊证及三年禁业重罚；记入信用档案，向社会公布

《旅游法》第三十六条：“旅行社组织团队出境旅游或者组织、接待团队入境旅游，应当按照规定安排领队或者导游全程陪同。”

【罚则】旅行社未按照规定为出境或者入境团队旅游安排领队或者导游全程陪同的、安排未取得导游证的人员提供导游服务或者安排不具备领队条件的人员提供领队服务的，根据《旅游法》第九十六条、一百零三条、一百零八条规定，由旅游主管部门责令改正，没收违法所得，并处五千元以上五万元以下罚款；情节严重的，责令停业整顿或者吊销旅行社业务经营许可证；对直接负责的主管人员和其他直接责任人员，处二千元以上二万元以下罚款。受到吊销旅行社业务经营许可证处罚的旅行社的有关管理人员，自处罚之日起未逾三年的，不得从事旅行社业务。对违规的旅行社及其从业人员，旅游主管部门和有关部门应当记入信用档案，向社会公布。

五、导游服务费用应明示并应向临时聘用导游全额支付，未支付的旅行社及有关管理人员，可最高处吊证及三年禁业重罚；记入信用档案，向社会公布

《旅游法》第六十条第三款：“安排导游为旅游者提供服务的，应当在包价旅游合同中载明导游服务费用。”

《旅游法》第三十八条第二款：“旅行社临时聘用导游为旅游者提供服务的，应当全额向导游支付本法第六十条第三款规定的导游服务费用。”

【罚则】旅行社未向临时聘用的导游支付导游服务费用的、要求导游垫付或者向导游收取费用的，根据《旅游法》第九十六条、一百零三条、一百零八条规定处罚，同上所述。

六、无证从事领队、导游的人员将受处罚并公告，导游、领队私自承揽业务或索取小费，可最高处吊证和三年禁业重罚，记入信用档案，向社会公布

《旅游法》第四十条：“导游和领队为旅游者提供服务必须接受旅行社委

派，不得私自承揽导游和领队业务。”

《旅游法》第四十一条规定：导游和领队从事业务活动，应当佩戴导游证。

【罚则】未取得导游证从事导游、领队活动的，由旅游主管部门责令改正，没收违法所得，并处一千元以上一万元以下罚款，予以公告。

领队、导游私自承揽业务的，由旅游主管部门责令改正，没收违法所得，处一千元以上一万元以下罚款，并暂扣或者吊销导游证。

领队、导游向旅游者索取小费的，由旅游主管部门责令退还，处一千元以上一万元以下罚款；情节严重的，并暂扣或者吊销导游证。

被吊销导游证的导游、领队，自处罚之日起未逾三年的，不得重新申请导游证或者从事旅行社业务。对违规的从业人员，旅游主管部门和有关部门应当记入信用档案，向社会公布。

七、旅行社必须选择合格的供应商，选择不合格供应商应承担法律责任

《旅游法》第三十四条：“旅行社组织旅游活动应当向合格的供应商订购产品和服务。”

《旅游法》第四十七条：“经营高空、高速、水上、潜水、探险等高风险旅游项目，应当按照国家有关规定取得经营许可。”

《旅游法》第五十三条：“从事道路旅游客运的经营者应当遵守道路客运安全管理的各项制度，并在车辆显著位置明示道路旅游客运专用标识，在车厢内显著位置公示经营者和驾驶人信息、道路运输管理机构监督电话等事项。”

《旅游法》第五十六条：“国家根据旅游活动的风险程度，对旅行社、住宿、旅游交通以及本法第四十七条规定的高风险旅游项目等经营者实施责任保险制度。”

根据上述规定，旅行社选择的合格供应商，必须具备经营所必须依法具有的有效营业执照和专营许可证及保险，以及供应商在社会公开信息中有关的良好的服务质量、诚信等。

“吃”“住”“行”“游”“购”“娱”六大供应商中，旅游包车的安全尤为重要，旅游包车的客运单位、营运车辆、驾驶员都必须具有相应资质：客运单位除了具有营业执照外，还必须具备道路旅客运输（包车）资质的《道路运输经

营许可证》；营运车辆除了具有与客运单位户名一致的《车辆行驶证》外，还必须具备道路旅客运输（包车）资质的《道路运输证》，还必须足额投保《道路客运承运人责任保险》和《机动车交通事故责任强制保险》；驾驶员除了具有准驾营运车辆的《机动车驾驶证》外，还必须具备与准驾车辆相符合的《从业资格证》；上述各种证照、保险必须在有效期内。

【罚则】旅行社向不合格供应商订购产品和服务的，根据《旅游法》第九十七条、一百零三条、一百零八条规定，由旅游主管部门责令改正，没收违法所得，并处五千元以上五万元以下罚款；违法所得五万元以上的，并处违法所得一倍以上五倍以下罚款；情节严重的，责令停业整顿或者吊销旅行社业务经营许可证；对直接负责的主管人员和其他直接责任人员，处二千元以上二万元以下罚款。受到吊销旅行社业务经营许可证处罚的旅行社的有关管理人员，自处罚之日起未逾三年的，不得从事旅行社业务。对违规的旅行社及其从业人员，旅游主管部门和有关部门应当记入信用档案，向社会公布。

如果旅行社选择的供应商不合格，旅游者在旅游中发生人身、财产损害的，还将承担相应的民事责任，旅行社对此负有举证义务。因此，旅行社和供应商必须签订委托合同，并附有经审核具有相应有效资质内容的凭证复印件。

八、旅游招揽信息虚假宣传、误导旅游者的，旅行社的有关管理人员可最高处吊证及三年禁业重罚，记入信用档案，向社会公布

《旅游法》第三十二条：“旅行社为招徕、组织旅游者发布信息，必须真实、准确，不得进行虚假宣传，误导旅游者。”

《旅游法》第四十八条第二款：“发布旅游经营信息的网站，应当保证其信息真实、准确。”

【罚则】旅行社进行虚假宣传，误导旅游者的，根据旅游法第九十七条、一百零三条、一百零八条规定处罚，同上所述。

九、旅行社给予或收受贿赂的有关管理人员，可最高处吊证及三年禁业重罚，记入信用档案，向社会公布

《旅游法》第五十一条：“旅游经营者销售、购买商品或者服务，不得给予或者收受贿赂。”

该条所指商业贿赂行为包括行贿和受贿。行贿是指在账外暗中给予对方单位或个人回扣；受贿是指对方单位或个人在账外暗中收受回扣；回扣是指经营者在销售商品时在账外暗中以现金实物或其他手段退给对方单位和个人的一定比例的商品价款。现金和实物，也包括财产性利益，如提供房屋装修、含金额会员卡、购物卡（券）旅游费用等。其他手段指提供各种名义的旅游、考察等给付财物以外的其他利益的手段。

折扣属于合法行为，与回扣的区别：一是折扣在公司依法设立的基本账户或一般账户上明示，这是本质区别；二是折扣只能给交易对方单位，而不能给其经办人员或其他单位，回扣既可能给交易对方单位，如单位小金库，也可能给对方单位的相关人员个人私吞。

【罚则】违反本规定，给予或者收受贿赂的，由市场监督管理部门依照有关法律、法规的规定处罚；情节严重的，并由旅游主管部门吊销旅行社业务经营许可证。受到吊销旅行社业务经营许可证处罚的旅行社的有关管理人员，自处罚之日起未逾三年的，不得从事旅行社业务。对违规的旅行社及其从业人员，旅游主管部门和有关部门应当记入信用档案，向社会公布。

如果给予或者收受贿赂数额较大，触犯刑律的，将依法追究刑事责任。

十、旅行社及相关人员发现旅游者非法滞留，擅自分团、脱团，未按规定报告的，可最高处吊证及三年禁业重罚；记入信用档案，向社会公布

《旅游法》第五十五条：“旅游经营者组织、接待出入境旅游，发现旅游者从事违法活动或者有违反本法第十六条规定情形的，应当及时向公安机关、旅游主管部门或者我国驻外机构报告。”

《旅游法》第十六条：“出境旅游者不得在境外非法滞留，随团出境的旅游者不得擅自分团、脱团。入境旅游者不得在境内非法滞留，随团入境的旅游者不得擅自分团、脱团。”

【罚则】旅行社未履行本法第五十五条规定的报告义务的，由旅游主管部门处五千元以上五万元以下罚款；情节严重的，责令停业整顿或者吊销旅行社业务经营许可证；对直接负责的主管人员和其他直接责任人员，处二千元以上二万元以下罚款，并暂扣或者吊销导游证。受到吊销旅行社业务经营许可证处

罚的旅行社的有关管理人员，自处罚之日起未逾三年的，不得从事旅行社业务。对违规的旅行社及其从业人员，旅游主管部门和有关部门应当记入信用档案，向社会公布。

十一、包价旅游合同中的旅游团成团最低人数和旅游行程单

《旅游法》第一百一十一条第（三）项："包价旅游合同，是指旅行社预先安排行程，提供或者通过履行辅助人提供交通、住宿、餐饮、游览、导游或者领队等两项以上旅游服务，旅游者以总价支付旅游费用的合同。"

《旅游法》第五十八条规定，包价旅游合同应当采用书面形式，包括内容有旅游团成团的最低人数等;《旅行社条例》第二十八条规定的旅游合同主要内容中有关"旅行社安排的购物次数、停留时间及购物场所名称，需要旅游者另行付费的游览项目及价格"等旅游法均未列入，与旅游法冲突，有待《旅行社条例》的修订。

《旅游法》第五十九条："旅行社应当在旅游行程开始前向旅游者提供旅游行程单。旅游行程单是包价旅游合同的组成部分。"

该条规定旅游行程单必须向旅游者提供，且在旅游行程开始前提供，旅行社应保留旅游者签收记录备查。

十二、旅行社及导游和领队应履行的法定告知义务

1. 合同订立时及履行中的告知义务

《旅游法》第六十二条："订立包价旅游合同时，旅行社应当向旅游者告知下列事项:（一）旅游者不适合参加旅游活动的情形;（二）旅游活动中的安全注意事项;（三）旅行社依法可以减免责任的信息;（四）旅游者应当注意的旅游目的地相关法律、法规和风俗习惯、宗教禁忌，依照中国法律不宜参加的活动等;（五）法律、法规规定的其他应当告知的事项。在包价旅游合同履行中，遇有前款规定事项的，旅行社也应当告知旅游者。在包价旅游合同履行中，导游和领队遇有前款规定事项的，也应当告知旅游者。"

2. 告知、解释、引导、劝阻义务

《旅游法》第四十一条第一款规定，导游和领队应当向旅游者告知和解释旅游文明行为规范，引导旅游者健康、文明旅游，劝阻旅游者违反社会公德的

行为。

3. 事先说明或警示义务

《旅游法》第八十条："旅游经营者应当就旅游活动中的下列事项，以明示的方式事先向旅游者作出说明或者警示：（一）正确使用相关设施、设备的方法；（二）必要的安全防范和应急措施；（三）未向旅游者开放的经营、服务场所和设施、设备；（四）不适宜参加相关活动的群体；（五）可能危及旅游者人身、财产安全的其他情形。"

4. 安全提示、救助义务

根据《旅游法》第七十条第三款的规定，在旅游者自行安排活动期间，旅行社应尽到必要的安全提示、救助义务，否则就要对旅游者的人身损害、财产损失承担相应责任。

所谓自行安排活动期间，包括旅游经营者安排的在旅游行程中独立的自由活动期间、旅游者不参加旅游行程的活动期间以及旅游者经导游或者领队同意暂时离队的个人活动期间等。

十三、未达到约定人数不能成团的法定告知时限义务及未经旅游者同意委托其他旅行社履行包价旅游合同的旅行社有关管理人员，可最高处吊证及三年禁业重罚，记入信用档案，向社会公布

《旅游法》第六十三条第一款："旅行社招徕旅游者组团旅游，因未达到约定人数不能出团的，组团社可以解除合同。但是，境内旅游应当至少提前七日通知旅游者，出境旅游应当至少提前三十日通知旅游者。"

《旅游法》第六十三条第二款："因未达到约定人数不能出团的，组团社经征得旅游者书面同意，可以委托其他旅行社履行合同。组团社对旅游者承担责任，受委托的旅行社对组团社承担责任。旅游者不同意的，可以解除合同。"

【罚则】未征得旅游者书面同意，委托其他旅行社履行包价旅游合同的，根据《旅游法》第一百条、第一百零三条、第一百零八条规定，由旅游主管部门责令改正，处三万元以上三十万元以下罚款，并责令停业整顿；造成旅游者滞留等严重后果的，吊销旅行社业务经营许可证；对直接负责的主管人员和其他直接责任人员，处二千元以上二万元以下罚款；受到吊销旅行社业务经营许可证处罚的旅行社的有关管理人员，自处罚之日起未逾三年的，不得从事旅行

社业务。对违规的旅行社及其从业人员，旅游主管部门和有关部门应当记入信用档案，向社会公布。

十四、组团社应向地接社提供与旅游者订立的包价旅游合同副本并按约履行，如擅自变更行程安排，严重损害旅游者权益的，旅行社及涉事导游、领队、有关管理人员，可最高处吊证及三年禁业重罚，记入信用档案，向社会公布

《旅游法》第六十九条："旅行社应当按照包价旅游合同的约定履行义务，不得擅自变更旅游行程安排。经旅游者同意，旅行社将包价旅游合同中的接待业务委托给其他具有相应资质的地接社履行的，应当与地接社订立书面委托合同，约定双方的权利和义务，向地接社提供与旅游者订立的包价旅游合同的副本，并向地接社支付不低于接待和服务成本的费用。地接社应当按照包价旅游合同和委托合同提供服务。"

旅行社减少游览项目或者缩短游览时间的、增加或者变更旅游项目的、增加购物次数或者延长购物时间的以及其他擅自改变旅游合同安排的行为，均属于擅自变更旅游行程安排的行为。

【罚则】旅行社在旅游行程中擅自变更旅游行程安排，严重损害旅游者权益的，根据《旅游法》第一百条、第一百零三条、第一百零八条规定处罚，同上所述。

十五、旅行社拒绝履行合同的，造成严重后果的，支付旅游费用一倍以上三倍以下的惩罚性赔偿金。旅行社及涉事导游、领队、有关管理人员可最高处吊证及三年禁业重罚，记入信用档案，向社会公布

《旅游法》第七十条第一款："旅行社不履行包价旅游合同义务或者履行合同义务不符合约定的，应当依法承担继续履行、采取补救措施或者赔偿损失等违约责任；造成旅游者人身损害、财产损失的，应当依法承担赔偿责任。旅行社具备履行条件，经旅游者要求仍拒绝履行合同，造成旅游者人身损害、滞留等严重后果的，旅游者还可以要求旅行社支付旅游费用一倍以上三倍以下的赔偿金。"

该条款规定了旅行社的惩罚性赔偿责任。根据本条第一款的规定，旅行社承担惩罚性赔偿的前提条件是，旅行社具备履行条件，经旅游者要求仍拒绝履行合同，这种情形在旅游行业中通常被称为甩团。该条款具有三个基本要素：一是旅行社具备履行条件拒不履行合同；如果旅行社因为不可抗力以及尽到合理注意义务仍不可预见的事件而无法履行，则不能认为旅行社拒不履行合同。二是经旅游者要求仍然拒绝履行合同；旅游者要求旅行社继续履行合同，是旅行社承担惩罚性赔偿责任的必经程序。三是只有旅游者因旅行社甩团等原因造成人身损害、滞留异地、境外等严重后果的，方能要求旅行社承担惩罚性赔偿责任。

【罚则】旅行社拒绝履行合同的，根据《旅游法》第一百条、一百零三条、一百零八条规定处罚，同上所述。

十六、明确包价旅游合同解除后的处理办法

1. 因不能成团解除

旅行社因未达到约定人数不能出团的，按上述法定告知时限通知旅游者解除合同的，不承担违约责任，但根据《旅游法》第六十三条第三款："因未达到约定的成团人数解除合同的，组团社应当向旅游者退还已收取的全部费用。"未按照法定告知时限通知旅游者解除合同的，除应当向旅游者退还已收取的全部费用外，旅行社还应按包价旅游合同约定承担违约责任。

2. 因旅游者原因解除

《旅游法》第六十五条："旅游行程结束前，旅游者解除合同的，组团社应当在扣除必要的费用后，将余款退还旅游者。"

所谓必要的费用是指组团社已经向地接社或履行辅助人支付且不可退还的费用以及旅游行程中已经实际发生的费用。

3. 因不可抗力等解除

根据《旅游法》第六十七条的规定，因不可抗力或者旅行社、履行辅助人已尽合理注意义务仍不能避免的事件，影响旅游行程的，合同不能继续履行或旅游者不同意变更的，旅行社和旅游者均可以解除合同，组团社应当在扣除已向地接社或者履行辅助人支付且不可退还的费用后，将余款退还旅游者。

4. 解除后的协助义务

《旅游法》第六十八条："旅游行程中解除合同的，旅行社应当协助旅游者

返回出发地或者旅游者指定的合理地点。由于旅行社或者履行辅助人的原因导致合同解除的，返程费用由旅行社承担。”

十七、明确包价旅游合同变更后的处理办法

1. 因不可抗力等变更

根据《旅游法》第六十七条的规定，因不可抗力或者旅行社、履行辅助人已尽合理注意义务仍不能避免的事件，影响旅游行程的，合同不能完全履行的，旅行社经向旅游者作出说明，旅游者同意变更的，可以在合理范围内变更合同；合同变更的，因此增加的费用由旅游者承担，减少的费用退还旅游者。

如因不可抗力或者旅行社、履行辅助人已尽合理注意义务仍不能避免的事件，无论合同是否解除或变更，凡危及旅游者人身、财产安全的，旅行社应当采取相应的安全措施，因此支出的费用，由旅行社与旅游者分担；造成旅游者滞留的，旅行社应当采取相应的安置措施。因此增加的食宿费用，由旅游者承担；增加的返程费用，由旅行社与旅游者分担。

2. 因旅游者原因变更

《旅游法》第七十三条：“旅行社根据旅游者的具体要求安排旅游行程，与旅游者订立包价旅游合同的，旅游者请求变更旅游行程安排，因此增加的费用由旅游者承担，减少的费用退还旅游者。”

十八、明确规定地接社和履行辅助人违约，先由组团社承担违约责任再追偿的制度，但公共交通经营者造成的除外

《旅游法》第七十一条第一款：“由于地接社、履行辅助人的原因导致违约的，由组团社承担责任；组团社承担责任后可以向地接社、履行辅助人追偿。”

《旅游法》第七十一条第二款：“由于地接社、履行辅助人的原因造成旅游者人身损害、财产损失的，旅游者可以要求地接社、履行辅助人承担赔偿责任，也可以要求组团社承担赔偿责任；组团社承担责任后可以向地接社、履行辅助人追偿。但是，由于公共交通经营者的原因造成旅游者人身损害、财产损失的，由公共交通经营者依法承担赔偿责任，旅行社应当协助旅游者向公共交通经营者索赔。”

该条第一款规定了违约责任，由合同相对方组团社承担；组团社承担责任

后可以向地接社、履行辅助人追偿。

该条第二款规定了侵权责任，旅游者既可以要求地接社、履行辅助人承担赔偿责任，也可以要求组团社承担赔偿责任；组团社承担责任后可以向地接社、履行辅助人追偿。

该条第二款的但书规定，将由于公共交通经营者的原因造成旅游者的损害，排除在旅行社的责任范围之外。这里的公共交通，指飞机、火车、班轮、城际客运班车等公共客运交通。

十九、旅行社提供单项服务的应亲自处理委托事务，确保设计合理可行，信息准确及时，否则就要承担过错赔偿责任

《旅游法》第七十四条："旅行社接受旅游者的委托，为其代订交通、住宿、餐饮、游览、娱乐等旅游服务，收取代办费用的，应当亲自处理委托事务。因旅行社的过错给旅游者造成损失的，旅行社应当承担赔偿责任。旅行社接受旅游者的委托，为其提供旅游行程设计、旅游信息咨询等服务的，应当保证设计合理、可行，信息及时、准确。"

该条款是关于委托代订的规定，可作为订立旅游代订合同（或称旅游委托合同）的依据之一，不同于包价旅游合同。

包价旅游合同和旅游代订合同的主要区别：

区别	包价旅游合同	旅游代订合同
1. 订立合同的主要法律依据不同	我国《旅游法》第五章"旅游服务合同"及第一百一十一条第（三）款规定	我国《合同法》分则第二十一章"委托合同"及我国《旅游法》第七十四条规定
2. 承担义务不同	承担包价旅游合同的安全保障义务（包括选择合格供应商、对旅游产品安全评估、告知［说明警示提示］、采取安全防范措施、事后救助义务）	承担选择合格的代订服务供应商义务及代订高风险项目的风险提示义务；此外的安全保障义务由终端服务供应商承担
3. 行程安排等要素不同	预先安排行程（旅行社掌控行程安排决定权和供应商采购决定权）； 二项或二项以上旅游服务 提供"旅游行程单"，是包价旅游合同组成部分	预先没有安排行程（旅游者掌控行程安排决定权和供应商采购决定权）； 单项或多项委托代订服务； 不提供"旅游行程单"；只提供"委托代订清单"
4. 发票事由不同	团费或旅游费 / 总金额	各项代订事项 / 分别列明金额

续表

区别	包价旅游合同	旅游代订合同
5. 组团不同	组团游，提供“出团通知书”	不组团，不提供“出团通知书”；只提供“出行通知书”
6. 转委托不同	旅游服务可以是旅行社自己提供或委托履行辅助人提供	旅行社收取代办费用，应当亲自处理委托事务；转委托须经旅游者同意
7. 采购资源价格及解除合同损失不同	包价含有旅行社采购供应商的价格资源优势，解除合同损失按包价旅游合同约定比例，不涉及供应商采购价格	供应商原价 + 服务费 / 单项价格含服务费，解除合同损失，供应商价格按供应商政策，服务费按委托服务合同约定
8. 适用的旅游产品不同	适用预制或定制旅游产品与旅游者签订	适用定制旅游产品与旅游者签订

二十、旅行社应制定旅游者安全保护制度和应急预案等措施，事发后应立即采取必要的救助和处置措施

《旅游法》第七十九条：“旅游经营者应当严格执行安全生产管理和消防安全管理的法律、法规和国家标准、行业标准，具备相应的安全生产条件，制定旅游者安全保护制度和应急预案。旅游经营者应当对直接为旅游者提供服务的从业人员开展经常性应急救助技能培训，对提供的产品和服务进行安全检验、监测和评估，采取必要措施防止危害发生。”

《旅游法》第八十一条：“突发事件或者旅游安全事故发生后，旅游经营者应当立即采取必要的救助和处置措施，依法履行报告义务，并对旅游者作出妥善安排。”

《旅游法》实施后，旅游经营者须引起高度重视，违反《旅游法》将付出高额代价。旅游经营者应以《旅游法》的实施为契机，严格规范经营管理，走上一条更为积极、健康的依法护旅、依法治旅、依法兴旅的发展道路，从这个角度上，《旅游法》的施行，对那些诚信、守法经营的旅行社将是最终的受益者。

《中华人民共和国旅游法》首次修改后涉及旅行社的热点解析

2016年11月7日，第十二届全国人民代表大会常务委员会第二十四次会议通过了关于修改《中华人民共和国对外贸易法》等十二部法律的决定。其中，对《中华人民共和国旅游法》（以下简称《旅游法》）作出了修改。笔者对本次修订内容的热点，作以下四个方面的阐述。

一、《旅游法》修改自11月7日公布之日起施行，取消领队证

修改内容是，将第三十九条修改为："从事领队业务，应当取得导游证，具有相应的学历、语言能力和旅游从业经历，并与委派其从事领队业务的取得出境旅游业务经营许可的旅行社订立劳动合同。"

删去第四十一条第一款中的"领队证"，修改为"导游和领队从事业务活动，应当佩戴导游证，遵守职业道德，尊重旅游者的风俗习惯和宗教信仰，应当向旅游者告知和解释旅游文明行为规范，引导旅游者健康、文明旅游，劝阻旅游者违反社会公德的行为"。

删去第九十八条、第九十九条、第一百条、第一百零一条、第一百零三条中的"领队证"。

业界关心的11月7日后，领队从事业务活动，应当佩戴导游证。取得导游证的，必须具备领队条件经备案才能从事领队业务活动。旅行社相互之间的借调领队，必然会因取消"领队资格"行政许可而大幅减少；目前旅行社仍需借用的，必须征得与该从事领队业务领队订立劳动合同的取得出境旅游业务经营许可的旅行社同意并委派，须办理借调委派手续。

二、取消“领队资格”行政许可，旅行社须加强领队管理职责，违者必究

对安排不具备领队条件的人员提供领队服务的旅行社，以及不具备领队条件而从事领队活动的个人，将严格按照《旅游法》规定处罚。

修改内容是，将第九十六条第二项修改为：“安排未取得导游证的人员提供导游服务或者安排不具备领队条件的人员提供领队服务的。”针对该行为，《旅游法》规定：由旅游主管部门或者有关部门责令改正，没收违法所得，并处五千元以上五万元以下罚款；违法所得五万元以上的，并处违法所得一倍以上五倍以下罚款；情节严重的，责令停业整顿或者吊销旅行社业务经营许可证；对直接负责的主管人员和其他直接责任人员，处二千元以上二万元以下罚款。

将第一百零二条第一款修改为：“违反本法规定，未取得导游证或者不具备领队条件从事导游、领队活动的，由旅游主管部门责令改正，没收违法所得，并处一千元以上一万元以下罚款，予以公告。”导游、领队违反本法规定，私自承揽业务的，由旅游主管部门责令改正，没收违法所得，处一千元以上一万元以下罚款，并暂扣或者吊销导游证。导游、领队违反本法规定，向旅游者索取小费的，由旅游主管部门责令退还，处一千元以上一万元以下罚款；情节严重的，并暂扣或者吊销导游证。

《旅游法》还规定：违反本法规定被吊销导游证的导游、领队和受到吊销旅行社业务经营许可证处罚的旅行社的有关管理人员，自处罚之日起未逾三年的，不得重新申请导游证或者从事旅行社业务。

领队管理由资格准入制改为备案管理制度，旅行社根据经营情况及导游业务能力，对从事领队业务的人员资格认定，对旅行社的领队管理提出了更高的要求。旅游主管部门将通过信息化手段加强事中事后监管。

三、取消领队资格审批是推进简政放权、顺应旅游市场变化发展亟须的

随着我国出境旅游快速发展，领队人员需求急剧增加，但领队业务本质上依然是导游业务；虽然不同工种有所侧重，但办证程序过于复杂，审批过程

相对烦琐。取消领队资格审批，是推进简政放权、放管结合、优化服务改革工作的务实之举，有利于调动导游从业人员的积极性，进一步顺应旅游市场发展。

四、《旅游法》的修改为《旅行社条例》及其《实施细则》的修订提供上位法基础

2016 年 10 月，原国家旅游局向国务院报送《旅行社条例（修订草案送审稿）》，同年 11 月 28 日国务院法制办公室将送审稿全文公布，征求社会各界意见至同年 12 月 28 日。《送审稿》第七十二条规定，旅行社为组织旅游者出国和赴港澳旅游委派的领队，应当具备下列条件：

（一）取得导游证；

（二）具有大专以上学历；

（三）取得相关语言水平测试等级证书；

（四）具有两年以上旅行社业务经营、管理或者导游等相关从业经历；

（五）具有履行领队职责的能力；

（六）与旅行社订立固定期限或者无固定期限的劳动合同。

旅行社应当将本单位领队名单及变更情况，报所在地设区的市级旅游主管部门备案。

《旅游法》规定应具备领队条件，目前该条件已在修改后于同年 12 月 12 日生效的《旅行社条例实施细则》中予以具体规定。

《中华人民共和国合同法》不可抗力规定涉及旅行社实例解读

《中华人民共和国合同法》(以下简称《合同法》)于1999年3月15日第九届全国人民代表大会第二次会议通过，自1999年10月1日起施行。《合同法》共计第二十三章四百二十八条。

《合同法》第一百一十七条:“因不可抗力不能履行合同的，根据不可抗力的影响，部分或者全部免除责任，但法律另有规定的除外。当事人迟延履行后发生不可抗力的，不能免除责任。本法所称不可抗力，是指不能预见、不能避免并不能克服的客观情况。”

上述条款规定了不可抗力。不可抗力指当事人订立合同时不可预见，它的发生不可避免，人力对其不可克服的自然灾害、战争等客观情况。

为帮助大家理解，以著名的游客纵火赔偿案实例，解读不可抗力规定在实践中的运用；该案一审判决震惊业界，笔者亲自代理上诉二审，该案惊动中国最高人民法院，二审历经三年获得大翻盘，最终胜诉。

一、国内罕见的游客故意纵火事件真实回放

2005年8月，上海强生旅游公司与上海××广告有限公司签订旅游合同，组织一批员工29名游客到北京、承德等地观光旅游。按照旅游行业业务操作惯例，上海强生旅游公司用传真的方式将29名游客，安排给北京商务旅行社接待，北京商务旅行社又以传真的方式将团队安排给承德中国青年旅行社接待，由承德中国青年旅行社负责旅游团在承德的住宿、用餐、观光、导游等多项服务。

8月28日旅游团入住承德金泰饭店，8月29日零点刚过不久，承德金泰饭店中控室区域报警显示628房间失火。由于金泰饭店六楼墙体为木质结构，

失火后整个楼道里浓烟弥漫。随团导游小杨从熟睡中惊醒，匆忙从饭店六楼跑到一楼清点人数，得知有一位游客施某，因楼道浓烟滚滚而顺窗户边水管爬下楼时坠落摔成重伤，已被送往医院；还有一位住628房间的23岁女游客沈某不见踪影，之后不久消防员前来救火，将大火逐渐扑灭，才看见沈某一个人不慌不忙地从楼梯上走下来，当时其衣衫不整，身上有水，脸色异常。

经消防人员勘查火灾现场，确认正是沈某住的房间最先着火。在当地公安局传唤审讯时她也供认不讳：原来她在床上抽烟，后来睡着了，烟头掉在她盖的被子上，当醒来发现被子着火了，也没叫人救火，觉得脚冷就用火烤烤脚取暖，后来火越烧越大，觉得外面空气好，就跑到阳台上看星星。9月1日经司法鉴定，沈某是间歇性精神病患者，案发时处于精神分裂症的发病期。9月21日沈某被依法逮捕，9月27日被取保候审。此后，该刑事案件至今未有下文。10月24日，承德市公安局作出《火灾原因认定书》，认定涉案火灾是628室房客沈某故意放火引发火灾。

二、承德中院一审判决旅行社败诉蒙受巨额赔偿

2006年1月21日，承德金泰饭店的代理律师，在向金泰饭店上级领导报告“关于饭店火灾索赔诉讼案件有关情况的说明”中写道：考虑到沈某及其法定监护人经济实力较差，没有赔偿能力，故放弃对沈某的刑事附带民事诉讼及民事侵权诉讼索赔，而对旅行社提起合同违约诉讼，同时与法院承办案件法官沟通，他们也赞同这个方案。

同年3月，金泰饭店向河北省承德市中级人民法院提起合同违约诉讼，将上海强生旅游公司、北京商务旅行社、承德中国青年旅行社都告上了法庭，要求赔偿200多万元，并查封、冻结了上海强生旅游公司银行账户内存款余额133万元。由于上海强生旅游公司发往北京的传真件中使用了印有“上海强生国际旅行社”的信笺，且随团导游小杨的名片也印有“上海强生国际旅行社”字样，认为上海强生国际旅行社也是组团社，因此金泰饭店又追加了“上海强生国际旅行社”作为被告。

河北省承德市中级人民法院审理后认为：作为经营旅游业务的旅行社与游客订立旅游服务合同后，有义务保证游客人身及财产安全。同时应尽到谨慎的注意义务，认真组织管理好旅游团队及游客，有义务保证游客在旅游过程中避

免造成他人人身及财产损失。如果由于旅行社组团中游客的原因造成了旅行社合同相对人的财产损失，应由旅行社对其合同相对方承担违约责任。承德中院还认为，组团社上海强生旅游公司及上海强生国际旅行社与地接社北京商旅和承德青旅之间是委托代理合同关系，故因沈某纵火造成金泰饭店200多万元损失应由委托人上海强生旅游公司承担，上海强生旅游公司承担后可再向纵火者追偿。

2006年7月31日，河北省承德市中级人民法院作出（2006）承民初字第87号民事判决判决书，判决上海强生旅游公司赔偿金泰饭店各类损失人民币200多万元，由上海强生国际旅行社承担连带责任。

三、协会律师肩负重托奔赴河北省高院上诉

笔者看完一审判决书愤然而起，这不仅仅是上海的旅行社一个案件的输赢，如果不把这个案子一审判决推翻了，关系到整个旅游行业所有的旅行社，今后一旦组织游客出游，就要对游客承担起类似“监护人”的全部法律责任，这还意味着今后旅行社在游客报名参加旅游团时，要增加对游客身体状况进行体检、审查的义务。这样的一审判决无疑把整个旅行社行业推上了风口浪尖，一审判决的高额赔偿，更使得旅行社行业及其注册资金只有人民币几十万元的国内旅行社为之震惊，惶恐不安、心若悬河。

2006年8月15日，笔者代理上海强生旅游公司及上海强生国际旅行社，向河北省高级人民法院提出上诉。接手案件后，笔者顿觉此乃背水一战，棘手可灼、寝食难安，经过反复思考分析后，认识到二审要打赢这场官司，必须要从两方面着手：一方面，要攻克地方保护主义的壁垒；另一方面，要为二审改判找到充实的事实和法律依据。而这两方面的工作又相辅相成、缺一不可，但真要着手这两方面的工作又谈何容易。首先，一审判决金泰饭店损失200多万元全由上海强生旅游公司承担，并由上海强生国际旅行社承担连带责任，而北京商旅和承德青旅均不承担责任，一审判决结果正应验了金泰饭店代理律师向上级领导报告中所称“同时与法院承办案件法官沟通，他们也赞同这个方案”的说法，这难道是偶然的巧合吗？要攻克地方保护主义的壁垒必须取得上级政府有关部门的重视和支持。时任上海市旅游行业协会秘书长（原上海市旅游事业管理委员会市场管理处处长）黄光荣急旅行社所急，积极协调为旅行社打开

了和上海市旅游委等相关上级单位联系汇报的绿色通道，时任上海强生旅游公司总经理鲍友德数次前往汇报情况，上海市旅游委向原国家旅游局紧急请示。其次，笔者和鲍总赶在河北省高院开庭审理的前二天奔赴石家庄，积极准备上诉案件的开庭审理。王律师在开庭前一天，仔细查阅了一审的调查、庭审笔录等全部卷宗，将一审存在的漏洞及对旅行社有利的全部证据材料逐一罗列，进一步确定了诉讼策略：如果先提出本案不应该由旅行社承担责任的观点，就等于同意了一审判决的北京商旅和承德青旅不承担责任，二审法院就会仅仅围绕上海强生旅游公司及上海强生国际旅行社是否应当承担违约赔偿责任进行审理，而对北京商旅和承德青旅是否应该承担责任不再审理，而对金泰饭店的损失金额是否适当问题不作为重点或不再进行审查，如果最终判决旅行社承担责任，就可能维持原判，上海强生旅游公司仍然要面临高额赔偿的风险；所以笔者决定先向河北省高院提出要求撤销一审判决，本案应由事发地负责地接的承德中国青年旅行社承担赔偿责任或由三家旅行社按各自责任有无或大小来分担，致使二审法院对案件展开全面审理并查清金泰饭店损失金额是否适当，通过庭审力争将今泰饭店火灾造成的损失金额缩水至最低限度，这样如果最终判决上海强生旅游公司承担责任的话，也将损失降到了最低，同时也为等待原国家旅游局接到上海市旅委紧急请示后作出答复意见赢得了宝贵的时间；然后再根据庭审调查确认的事实，律师再当庭提出本案不应该由旅行社承担责任的观点。

至 2007 年 2 月 1 日，经过法院第三次开庭审理，王律师据理力争，将今泰饭店的赔偿金额 200 多万元拆分细化、逐一“挤干水分”，剔除无证据确认或证据不充分的，经法庭归纳已经缩小至 60 万 ~70 万元，但这远远不是笔者和鲍友德总经理的目标，最终目的是要撤销一审判决，驳回承德金泰饭店的诉讼请求，给旅游行业及其广大旅行社一个公正的说法。随后笔者当庭提出本案不应该由旅行社承担责任的意见，要求撤销一审判决，驳回金泰饭店的诉讼请求。具体理由是：一审判决中认为，旅行社有“保证游客在旅游过程中避免造成他人人身及财产损失”的义务，而根据我国现有的法律、法规，没有明文规定旅行社上述义务，即使援引民事法律原理从法理上讲，这就算是旅游合同一方当事人旅行社应承担的合同附随义务，这种义务也只是在可能的情况下的有限的注意义务。根据庭审调查确认的事实，一是沈某随单位参团，根据上海强生旅游公司与上海某广告公司签订的旅游合同的《协议条款》，从其中内容看，某广告公司和沈某并未按照“特别告知”事项的约定，将沈某曾患有间歇性精神病的情况告知旅行社；二是从沈某参加游游后至火灾发生前的情况来看，旅行社不应当也不能预见沈某精神异常，本案各方当事人也只是在对沈某作出精神疾病司法鉴定后才获知其患有间歇性精神病；三是沈某午夜纵火又发生在非旅行社安排的团队活动时间里，随团导游也无法承担这一根本无法顾及的合同附随义务，因此本案中游客沈某故意放火造成他人财产损失的行为，对旅行社来说完全是《合同法》第一百一十七条第二款所指的不能预见、不能克服、不能避免的客观情况。根据《合同法》第一百一十七条第一款规定，旅行社免除责任，故请求二审法院撤销一审判决，驳回承德金泰饭店的诉讼请求。

在第三次开庭审理后不久，河北省高级人民法院收到了原国家旅游局政策法规司“对上海强生等旅行社赔偿游客故意行为造成损失案件的意见”（以下简称“意见”）。该“意见”认为：在旅游合同中，组团社应承担提供约定旅游服务的义务，按照对职业人的要求，谨慎地对游客尽到保护义务。但这种“保护义务”只是一种在可能的情况下的“注意义务”。因此，旅行社对游客的故意或过失行为造成的损失不承担责任。在旅行过程中，旅行社对游客的实际控制能力是非常有限的，尤其是组团单位广告公司并未事先将患者游客的病情告诉旅行社，旅行社也无从知晓该游客精神异常，因此不可能在深夜对纵火游客承担额外的注意和照顾义务。纵火事件的发生，对于旅行社来说，也是一种无法预见、无从知晓、无力控制、无法回避的意外事件。如果让旅行社对旅程中所有事件不问原因一律承担责任，让旅行社承担与其经营特点不相适应的法律责任，对我国整个旅行社行业的健康发展都是非常不利的。

“意见”使河北省高级人民法院对二审判决慎之再慎，也许是支持笔者代理意见和“意见”的与支持不同意见“地方保护主义”的发生了分歧，使案件难以下判，河北省高院最终决定将本案报送最高人民法院请示，等待最高人民法院对本案的批复。

四、历经三年尘埃落定最终翻案旅行社无责

2009 年 6 月，最高人民法院经研究，向河北省高级人民法院下达了对本案的批复意见。最高人民法院认为：如果游客沈某患有精神分裂症的情况上

海强生旅游公司不知道或不应当知道，游客的加害行为对上海强生旅游公司而言不能预见、避免和克服，属于不可抗力的，根据我国《民法通则》和《合同法》的相关规定，上海强生旅游公司不承担违约责任。如果上海强生旅游公司对于沈某的加害行为能够预见、避免和克服，则要承担违约责任，但该责任损失赔偿额，按我国《合同法》第一百一十三条、第一百一十九条规定，不得超过违反合同一方订立合同时预见到或者应当预见到的因违反合同可能造成的损失，但非违约方没有采取适当措施致使损失扩大的，也不得就扩大的损失要求赔偿。

2009 年 6 月 16 日，本案第四次开庭审理。河北省高院经审理后认为：本案系上海强生旅游公司与某广告公司签订的《旅游服务合同》，而后也是由上海强生旅游公司以传真方式与北京商旅签订的合同，传真件上加盖有上海强生旅游公司的印章，故即使组团社应当承担责任，也应由上海强生旅游公司承担，而与上海强生国际旅行社无关。原审判决上海强生国际旅行社承担连带赔偿责任，依据不足。如上海强生旅游公司不需承担违约赔偿责任，也谈不上上海强生国际旅行社承担责任问题。原审没有判决北京商旅和承德青旅承担责任，金泰饭店对此没有提起上诉，且本院审理中金泰饭店也已明确表示放弃对北京商旅和承德青旅的诉讼请求，本院予以确认。金泰饭店的损失是因某广告公司职工沈某故意放火引起的，金泰饭店在本案中没有向该公司及沈某本人主张权利，而是以旅游服务合同违约为由请求旅行社进行赔偿。我国相关法律、法规等没有规定旅行社组团时，需要特别了解旅游者的精神健康状况，本案没有证据证明上海强生旅游公司知道或者应当知道游客沈某患有精神分裂症的问题，加之游客沈某的加害行为发生在凌晨，而不是在旅行社安排的团队活动时间之内，故上海强生旅游公司对沈某的加害行为不可能预见，更不可能避免和克服。金泰饭店诉请上海强生旅游公司承担违约赔偿责任依据不足。上海强生旅游公司与上海强生国际旅行社在本案中不应承担赔偿责任。综上所述，原审认定事实和适用法律有误，应予纠正。

2009 年 6 月 22 日，河北省高级人民法院作出二审终审判决：撤销河北省承德市中级人民法院（2006）承民初字第 87 号民事判决；驳回原告承德金泰饭店的诉讼请求。一审案件受理费、财产保全费、其他诉讼费、二审案件受理费总计 64020 元，均由金泰饭店承担。

五、该经典案例对旅行社行业意义重大深远

本案例的经典之处在于，引用了《合同法》中的“不可抗力”规定。一般人们所共知的不可抗力范围有台风、洪水、冰雹、战争、动乱、罢工等。由于不可抗力事件的不可预见性和偶然性，决定了法律不可能列举出它的全部外延，不能穷尽人类和自然界可能发生的种种偶然事件。所以，尽管世界各国都承认不可抗力可以免责，但是没有一个国家能够确切地规定不可抗力的范围，我国《民法通则》和《合同法》均未对不可抗力的范围作出规定。譬如，前几年发生的“非典”疫情是否属于不可抗力，社会各方争议纷纭，至今没有得到司法认定。

本案例的经典之处在于，为今后解决旅游纠纷中不可抗力范围的认定树立了新的风向标，并对解决旅游纠纷中可以引用“不可抗力”的其他争议，也将起到积极的指导作用。今后若发生游客在旅游过程中造成他人人身及财产损失的，只要旅行社对游客的加害行为是不能预见、不能避免和不能克服的，旅行社就不承担违约赔偿责任；反之，即使旅行社对游客的加害行为能够预见、避免和克服，应当承担违约责任，但该责任损失赔偿额也不得超过违反合同一方订立合同时预见到或者应当预见到的因违反合同可能造成的损失。

该案为我国旅游法制建设添上了重要的一笔，中国旅游业从此有了自然灾害以外的“不可抗力”一说。

《中华人民共和国侵权责任法》适用解决旅游纠纷的要点解读

《中华人民共和国侵权责任法》(以下简称《侵权责任法》)于2009年12月26日第十一届全国人民代表大会常务委员会第十二次会议通过，自2010年7月1日起施行。

在发生旅游纠纷时，旅游者一般都会依据旅游合同向旅行社主张权利。例如在旅行中旅游者发生被偷盗、抢劫、伤害、购买产品出现问题或者发生交通事故后，旅游者首先会依据旅游合同起诉旅行社，要求旅行社承担违约责任。事实上，这些都属于侵权责任。按照《侵权责任法》的规定，旅游者作为被侵权人应当追究侵权人的侵权责任。但是，在旅游中发生纠纷后的责任认定，往往是侵权责任和违约责任两种法律关系的竞合，旅游者可以依据《侵权责任法》追究侵权人的侵权赔偿责任，也可以依据旅游合同追究旅行社的违约赔偿责任。《侵权责任法》施行后，旅游者提起侵权之诉的旅游纠纷，都要依据《侵权责任法》来处理。这就要求旅游从业人员要认真学习、掌握和运用这部法律。

《侵权责任法》适用于处理旅游纠纷的规定，主要体现在以下方面。

一、侵权责任优先赔偿原则

《侵权责任法》第四条规定:“侵权人因同一行为应当承担行政责任或者刑事责任的，不影响依法承担侵权责任。因同一行为应当承担侵权责任和行政责任、刑事责任，侵权人的财产不足以支付的，先承担侵权责任。”例如旅行社违法经营，侵害了旅游者的合法权益，同时根据《旅行社条例》，旅行社应被旅游管理部门处罚，包括停业整顿、没收非法所得和罚款。如果旅行社的财产不足以同时支付旅游者的侵权赔偿和旅游执法部门处罚的罚款，旅行社先承担侵权赔偿责任，即先向旅游者支付侵权赔偿，然后再向旅游执法部门交纳罚款。

二、二人以上侵权难以确定责任，承担平均赔偿责任

《侵权责任法》第八条规定："二人以上共同实施侵权行为，造成他人损害的，应当承担连带责任。"这个条款规定了二人以上共同侵权承担连带责任。比如旅行社雇用无运营资质的汽车作为旅游车，由于车辆问题发生车祸，旅行社和汽车公司共同实施了侵权行为，旅行社和汽车公司承担连带责任。《侵权责任法》第十二条规定："二人以上分别实施侵权行为造成同一损害，能够确定责任大小的，各自承担相应的责任；难以确定责任大小的，平均承担赔偿责任。"这个条款规定了二人以上分别侵权时，根据责任大小承担按份赔偿责任。不能区分责任大小的，平均承担赔偿责任。例如：旅行社导游在台风天气带领旅游者进入山区，大风将树木刮倒砸伤旅游者，导游打电话通知120来急救，120急救中心延误派车，导致旅游者救治不及时死亡。这里出现三个侵权行为，分别是旅行社不顾天气变化带领旅游者进入危险地区，景区管理部门管理不善造成树木被风折断砸伤旅游者，120延误派车造成旅游者救治不及时。由于上述三个侵权行为分别实施造成了旅游者死亡的损害结果。根据本条款规定，旅行社、景区管理部门和120急救中心要根据责任大小各自承担相应的责任，不能区分责任大小的，平均承担赔偿责任。法院对这个案件可以判决旅行社承担20%赔偿责任，景区管理部门承担50%赔偿责任，120急救中心承担30%赔偿责任，是合法的。如果法院认为难以确定责任大小，判决旅行社、景区管理部门和120急救中心平均承担赔偿责任，也是合法的。

三、明确了人身损害的赔偿范围

《侵权责任法》第十六条规定："侵害他人造成人身损害的，应当赔偿医疗费、护理费、交通费等为治疗和康复支出的合理费用，以及因误工减少的收入。造成残疾的，还应当赔偿残疾生活辅助器具费和残疾赔偿金。造成死亡的，还应当赔偿丧葬费和死亡赔偿金。"2010年6月30日最高人民法院关于适用《中华人民共和国侵权责任法》若干问题的通知第四条规定："人民法院适用侵权责任法审理民事纠纷案件，如受害人有被抚养人的，应当依据《最高人民法院关于审理人身损害赔偿案件适用法律若干问题的解释》第二十八条的

规定，将被抚养人生活费计入残疾赔偿金或死亡赔偿金。”这是关于人身损害赔偿范围的规定。

四、明确了同一事故多人死亡的“同命同价”赔偿标准

《侵权责任法》第十七条规定:“因同一侵权行为造成多人死亡的，可以以相同数额确定死亡赔偿金。”这就是“同命同价”赔偿原则。在同一旅游事故中，造成多名游客死亡的，按照相同数额确定死亡赔偿金，这样有利于快速解决纠纷。但该条适用有严格的限制，其一，只适用于“同一侵权行为”造成的“多人死亡”情形，通常是指交通事故等造成“群死”的情形；其二，该条规定的“多人”概念《侵权责任法》并未明确规定。通常“多人”一般指大于等于三人，那么在那些死亡两人的事故中，则不适用该规定；其三，该条只是规定此情形“可以”而非“应当”以相同数额确定死亡赔偿金，因此“可以”是有选择性的，并非法律上的强制性规定；其四，该条只适用于多人死亡情形，不适用于多人残疾的情形。

五、明确了精神损害赔偿的适用条件

《侵权责任法》第二十二条规定:“侵害他人人身权益，造成他人严重精神损害的，被侵权人可以请求精神损害赔偿。”但该条适用条件是：一是精神损害赔偿请求权只能适用在人身权益损害上，即只包括侵害生命权、隐私权等相关权益，不包含财产权。二是造成他人精神损害必须达到“严重”的程度才可以请求精神损害赔偿，轻微的精神损害原则上不能够请求精神损害赔偿。三是精神损害诉讼请求不再“寄生”于其他侵权行为而捆绑提起诉讼，其可以独立成为侵权行为诉讼。

例如，小张与某旅行社签订了出境旅游服务合同，小张出境旅游之后发现该旅行社行程安排未按照合同约定履行，反而加设了大量旅游购物的行程，于是小张旅游回国后要求该旅行社根据旅游服务合同进行精神损害赔偿。因旅游服务合同权益属于财产权益，不属于人身权益，旅行社违反约定则应当承担《合同法》规定上的违约责任，因此给小张带来精神上的不悦不能依照侵权法获得精神损害赔偿。其后，该旅行社在未经小张同意的情况下将小张在国外旅行的照片用于该旅行社的商业广告宣传，此时小张则可以向该旅行社主张侵犯

肖像权的精神损害赔偿。

六、导游等工作人员执行工作任务造成他人损害的赔偿责任

《侵权责任法》第三十四条规定："用人单位的工作人员因执行工作任务造成他人损害的，由用人单位承担侵权责任。劳务派遣期间，被派遣的工作人员因执行工作任务造成他人损害的，由接受劳务派遣的用工单位承担侵权责任；劳务派遣单位有过错的，承担相应的补充责任。"例如，导游与旅游者发生争执，导游将旅游者打伤，旅行社应对导游的侵权行为承担侵权责任。如果导游是旅行社从导游公司聘用的，旅行社作为用工单位也要承担侵权责任。如果导游公司派遣的导游没有资质或者不符合要求，导游公司向旅游者承担相应的补充赔偿责任。所谓补充责任就是在旅行社不能全部赔偿的情况下，剩余的部分才由导游公司承担。不过导游公司不是对旅行社未赔偿的部分都承担赔偿责任，导游公司承担的是相应的补充责任，即在导游公司过错的范围内承担责任。旅行社对外承担了赔偿责任后，可以依据劳务派遣合同向导游公司追究违约责任。

七、明确了未尽安全保障义务承担侵权赔偿原则

《侵权责任法》第三十七条规定："宾馆、商场、银行、车站、娱乐场所等公共场所的管理人或者群众性活动的组织者，未尽到安全保障义务，造成他人损害的，应当承担侵权责任。因第三人的行为造成他人损害的，由第三人承担侵权责任；管理人或者组织者未尽到安全保障义务的，承担相应的补充责任。"所谓安全保障义务，是指宾馆、商场、银行、车站、娱乐场所等公共场所的管理人或者群众性活动的组织者，所负有的在合理限度范围内保护他人人身和财产安全的义务。

本条款明确了如果旅游者在公共场所受到伤害，旅游者应要求公共场所的管理人承担侵权责任。例如旅游者在宾馆摔倒了，宾馆应承担侵权责任。旅游者在景点摔伤了，景点管理人应承担侵权责任。例如旅游者在景区被第三人伤害，应由第三人承担侵权责任，如果旅行社未尽到安全保障义务，旅行社应承担相应的补充责任。所谓补充责任就是在第三人不能全部承担赔偿责任的情况下，旅行社根据其过错程度承担相应的赔偿责任。

八、明确了产品缺陷承担赔偿责任的主体

《侵权责任法》第四十一条规定："因产品存在缺陷造成他人损害的，生产者应当承担侵权责任。"第四十二条又规定："由于销售者的过错使产品存在缺陷，造成他人损害的，销售者应当承担侵权责任。销售者不能指明缺陷产品的生产者也不能指明缺陷产品的供货者的，销售者应当承担侵权责任。"第四十三条规定："因产品存在缺陷造成损害的，被侵权人可以向产品的生产者请求赔偿，也可以向产品的销售者请求赔偿。产品缺陷由生产者造成的，销售者赔偿后，有权向生产者追偿。因销售者的过错使产品存在缺陷的，生产者赔偿后，有权向销售者追偿。"

按照上述规定，如果旅游者购买的产品存在缺陷造成损害的，旅游者可以向销售者和生产者请求赔偿。虽然是旅行社安排的购物商店，如果该购物商店是约定行程中的合法经营的商店，旅行社也没有强迫、胁迫或诱使旅游者购买产品，旅游者在有充分选择权的情况下，购买产品所产生的法律责任应由销售者和生产者承担，而不是由旅行社来承担。

九、明确了交通事故赔偿原则

《侵权责任法》第四十八条规定："机动车发生交通事故造成损害的，依照道路交通安全法的有关规定承担赔偿责任。"第五十三条规定："机动车驾驶人发生交通事故后逃逸，该机动车参加强制保险的，由保险公司在机动车强制保险责任限额范围内予以赔偿；机动车不明或者该机动车未参加强制保险，需要支付被侵权人人身伤亡的抢救、丧葬等费用的，由道路交通事故社会救助基金垫付。道路交通事故社会救助基金垫付后，其管理机构有权向交通事故责任人追偿。"

按照上述规定，可以明确机动车发生交通事故造成损害的，依照道路交通安全法的有关规定承担赔偿责任，而不是依照《合同法》的有关规定承担赔偿责任。在《侵权责任法》施行之前，旅游活动中发生交通事故绝大多数都是通过旅游合同来处理的，即旅游者先要求组团社承担赔偿责任，组团社再找地接社承担责任，地接社再找汽车公司承担责任。法律程序非常烦琐。《侵权责任法》施行后，明确规定了机动车发生交通事故造成损害的，依照《道路交通安

全法》的有关规定承担赔偿责任。《道路交通安全法》第七十六条规定:“机动车发生交通事故造成人身伤亡、财产损失的，由保险公司在机动车第三者责任强制保险责任限额范围内予以赔偿；不足的部分，按照下列规定承担赔偿责任:（一）机动车之间发生交通事故的，由有过错的一方承担赔偿责任；双方都有过错的，按照各自过错的比例分担责任。（二）机动车与非机动车驾驶人、行人之间发生交通事故，非机动车驾驶人、行人没有过错的，由机动车一方承担赔偿责任；有证据证明非机动车驾驶人、行人有过错的，根据过错程度适当减轻机动车一方的赔偿责任；机动车一方没有过错的，承担不超过百分之十的赔偿责任。交通事故的损失是由非机动车驾驶人、行人故意碰撞机动车造成的，机动车一方不承担赔偿责任。”

对于交通事故中对受伤人员进行抢救所支付的费用，《道路交通安全法》第七十五条规定:“医疗机构对交通事故中的受伤人员应当及时抢救，不得因抢救费用未及时支付而拖延救治。肇事车辆参加机动车第三者责任强制保险的，由保险公司在责任限额范围内支付抢救费用；抢救费用超过责任限额的，未参加机动车第三者责任强制保险或者肇事后逃逸的，由道路交通事故社会救助基金先行垫付部分或者全部抢救费用，道路交通事故社会救助基金管理机构有权向交通事故责任人追偿。”

《侵权责任法》施行以后，如果发生交通事故，旅游者按照《道路交通安全法》的有关规定，可以根据交管部门做出的《责任认定书》追究负有责任的机动车的侵权责任，而不是追究旅行社的违约责任。旅游者是否还可以依据旅游合同追究旅行社违约责任，要求赔偿交通事故造成的损失，亟待有关配套的司法解释尽快出台。

十、明确了民用航空器造成损害的赔偿原则

《侵权责任法》第七十一条规定:“民用航空器造成他人损害的，民用航空器的经营者应当承担侵权责任，但能够证明损害是因受害人故意造成的，不承担责任。”民用航空器是指飞机、滑翔机、直升机、热气球和飞艇。民用航空器造成他人损害的地点包括民用航空器上和上、下民用航空器的过程。如果旅游者在飞机上或上下飞机的过程中遭受人身伤害或者行李丢失、损坏等，民用航空器的经营者应当承担侵权责任。例如旅游者在坐飞机时由于气流颠簸造成

腰部脊柱骨折，《侵权责任法》实施以后，旅游者应要求航空公司承担侵权责任，而不是要求旅行社承担违约责任。

十一、明确了林木折断损害他人的赔偿原则

《侵权责任法》第九十条规定："因林木折断造成他人损害，林木的所有人或者管理人不能证明自己没有过错的，应当承担侵权责任。"本条没有限定林木的地域范围，林地中的林木、公共道路旁的林木以及院落周围的树木等折断造成他人损害的，林木的所有人和管理人要承担侵权责任。如果旅游者在风景区因林木折断造成损害，林木的所有人或者管理人承担侵权责任。

十二、不承担责任和减轻责任的情形

《侵权责任法》一共列举了六种不承担责任和减轻责任的情形。

《侵权责任法》第二十六条规定："被侵权人对损害的发生也有过错的，可以减轻侵权人的责任。"例如，旅游者患有心脏病，不适合参加高原地区的旅游项目，但旅游者向旅行社隐瞒患病情况，结果在旅游过程中突发心脏病死亡。在这种情况下，旅游者对损害的发生是有过错的，可以减轻旅行社的责任。如旅行社在合理限度范围内对游客尽到了必要的安全保障义务，则不承担责任。

《侵权责任法》第二十七条规定："损害是因受害人故意造成的，行为人不承担责任。"例如旅游者不听旅行社的劝阻故意进入危险地区，造成损害结果，旅行社不承担责任。

《侵权责任法》第二十八条规定："损害是因第三人造成的，第三人应当承担侵权责任。"比如旅游者在旅行过程中，遭受第三人伤害，第三人应当承担侵权责任，而不应由旅游者向旅行社追究违约责任。

《侵权责任法》第二十九条规定："因不可抗力造成他人损害的，不承担责任。法律另有规定的，依照其规定。"

《侵权责任法》第三十条规定："因正当防卫造成损害的，不承担责任。正当防卫超过必要的限度，造成不应有的损害的，正当防卫人应当承担适当的责任。"正当防卫是指本人、他人的人身权利、财产权利遭受不法侵害时，行为人所采取的一种防卫措施。例如，导游为了保护旅游者的人身财产安全，与抢

劫犯搏斗，将抢劫犯打伤，导游不承担责任。

《侵权责任法》第三十一条规定：“因紧急避险造成损害的，由引起险情发生的人承担责任。如果危险是由自然原因引起的，紧急避险人不承担责任或者给予适当补偿。紧急避险采取措施不当或者超过必要的限度，造成不应有的损害的，紧急避险人应当承担适当的责任。”这种情况也是旅游活动中容易发生的。紧急避险是指为了使本人或者他人的人身、财产和其他权利免受正在发生的危险，不得已采取的紧急避险行为，造成损害的，不承担责任或者减轻责任。比如发生自然灾害，为了保证旅游者人身安全，导游将旅游者不必要的随身物品丢弃，造成旅游者财产损失，导游不承担责任。

《侵权责任法》向旅行社提供了一个新的维权法律武器，旅游从业人员应予以重视，认真学习、掌握和运用好这部法律。

《中华人民共和国消费者权益保护法》涉及旅行社的要点解读

全国人民代表大会常务委员会第十二届第五次会议通过关于修改《中华人民共和国消费者权益保护法》(以下简称“新《消法》”)的决定，这是自1993年制定以来，对这部法律的首次大修改。国家主席习近平签署第7号主席令予以公布，新《消法》已经于2014年3月15日起施行。此次修改内容涉及面广，在完善消费者权利、强化经营者义务、加重经营者责任、加强国家保护等方面作出了明确规定。为帮助旅行社从业人员学习、贯彻、执行，针对新《消法》涉及旅行社行业的十大重点方面，解读如下。

重点一：旅行社是新《消法》规定的经营者之一，应当遵守新《消法》

新《消法》第三条规定，经营者为消费者提供其生产、销售的商品或者提供服务，应当遵守本法；本法未作规定的，应当遵守其他有关法律、法规。

按该条规定，我国《旅游法》中规定的旅游经营者，即旅行社、景区以及为旅游者提供交通、住宿、餐饮、购物、娱乐等服务的经营者，也是新《消法》中规定的经营者之一，应当遵守新《消法》。

重点二：不得设定不公平、不合理的交易条件，不得强制交易

新《消法》增加一款，作为第十六条第三款规定，经营者向消费者提供商品或者服务，应当恪守社会公德，诚信经营，保障消费者的合法权益；不得设定不公平、不合理的交易条件，不得强制交易。

譬如旅行社不得将旅游者是否同意安排购物或另行付费项目作为签约条件，旅游者不同意的，不得拒绝签订合同或增加旅游费用；旅游者同意的，也

不得减少旅游费用。

重点三：涉及消费者重大利害关系内容应以显著方式说明

新《消法》增加一款，作为第二十六条第一款规定，经营者在经营活动中使用格式条款的，应当以显著方式提请消费者注意商品或者服务的数量和质量、价款或者费用、履行期限和方式、安全注意事项和风险警示、售后服务、民事责任等与消费者有重大利害关系的内容，并按照消费者的要求予以说明。

根据上述规定，格式条款中与消费者有重大利害关系的内容应当以显著方式提请消费者注意，并按照消费者的要求予以说明。

譬如旅行社与旅游者约定的补充条款或者补充协议中，涉及旅游者人身、财产安全或者安排购物或另行付费项目等与消费者有重大利害关系的内容，应当以字体加粗加下划线等显著方式提请消费者注意，并按照《旅游法》及相关规定和消费者的要求予以说明。

重点四：补充条款内容不得减轻或免除应由旅行社承担的责任

新《消法》第二十六条第三款规定，经营者不得以格式条款、通知、声明、店堂告示等方式，作出排除或者限制消费者权利、减轻或者免除经营者责任、加重消费者责任等对消费者不公平、不合理的规定，不得利用格式条款并借助技术手段强制交易。格式条款、通知、声明、店堂告示等含有前款所列内容的，其内容无效。

重点五：旅行社收集使用旅游者信息被限制

新《消法》第二十九条第一款规定，经营者收集、使用消费者个人信息，应当遵循合法、正当、必要的原则，明示收集、使用信息的目的、方式和范围，并经消费者同意。经营者收集、使用消费者个人信息，应当公开其收集、使用规则，不得违反法律、法规的规定和双方的约定收集、使用信息。

新《消法》第二十九条第二款规定，经营者及其工作人员对收集的消费者个人信息必须严格保密，不得泄露、出售或者非法向他人提供。经营者应当采取技术措施和其他必要措施，确保信息安全，防止消费者个人信息泄露、丢失。在发生或者可能发生信息泄露、丢失的情况时，应当立即采取补救措施。

新《消法》增加一条，作为第二十九条第三款规定，经营者未经消费者同意或者请求，或者消费者明确表示拒绝的，不得向其发送商业性信息。

以前，旅游者报名参加过某些旅行社组织旅游之后，电子邮件或手机短信会经常不定期地收到旅行社发送的旅游产品商业性信息，新《消法》施行后，该行为受到限制。

重点六：欺诈消费者的惩罚性赔偿提至三倍

新《消法》第五十五条第一款规定，经营者提供商品或者服务有欺诈行为的，应当按照消费者的要求增加赔偿其受到的损失，增加赔偿的金额为消费者购买商品的价款或者接受服务的费用的三倍；增加赔偿的金额不足五百元的，为五百元。法律另有规定的，依照其规定。

按新《消法》该规定，欺诈消费者的惩罚性赔偿从原来的“二倍”提高至“三倍”。

譬如，旅行社在销售某出境旅游产品时，明确在旅游目的地均居住在四星级以上宾馆，但旅游者在旅游行程中实际居住的却是三星级的宾馆，旅游者返回后，以旅行社欺诈为由向旅游质量监督所投诉。经调查核实，旅游目的地最高的星级宾馆是三星级，没有四星级以上宾馆。按新《消法》规定，旅行社属于欺诈行为，应赔偿旅游者在旅游目的地住宿费用的三倍。

重点七：明确规定消费者投诉的处理期限

新《消法》增加一条，作为第四十六条规定，消费者向有关行政部门投诉的，该部门应当自收到投诉之日起七个工作日内，予以处理并告知消费者。

重点八：消费者协会可提起公益诉讼

新《消法》第四十七条规定，对侵害众多消费者合法权益的行为，中国消费者协会以及在省、自治区、直辖市设立的消费者协会，可以向人民法院提起诉讼。

根据该规定，今后涉及众多且不特定的旅游者，例如不公平、不合理的霸王条款、虚假广告和虚假宣传，侵害的就是众多且不特定的旅游者的利益，新《消法》施行后，消费者协会可以提起公益诉讼，作为一种救济补充途径。

重点九：精神损害赔偿入新《消法》

新《消法》第五十一条规定，经营者有侮辱诽谤、搜查身体、侵犯人身自由等侵害消费者或者其他受害人人身权益的行为，造成严重精神损害的，受害人可以要求精神损害赔偿。

新《消法》首次增加了精神损害赔偿，是国家法制进步的又一个标志，引起各界关注。

重点十：违反新《消法》被处罚的，记入信用档案向社会公布

新《消法》第五十六条规定，经营者提供的商品或者服务不符合保障人身、财产安全要求的；对商品或者服务作虚假或者引人误解的宣传的；拒绝或者拖延有关行政部门责令对缺陷商品或者服务采取停止销售、警示、召回、停止服务等措施的；侵害消费者人格尊严、侵犯消费者人身自由或者侵害消费者个人信息依法得到保护的权利等情形的。经营者有前款规定情形的，除依照法律、法规规定予以处罚外，处罚机关应当记入信用档案，向社会公布。

旅行社具有上述情形的，除承担相应的民事责任外，相关法律、法规对处罚机关和处罚方式有规定的，依照法律、法规的规定执行；法律、法规未作规定的，由市场监督管理部门或者其他有关行政部门责令改正，可以根据情节单处或者并处警告、没收违法所得、处以违法所得一倍以上十倍以下的罚款，没有违法所得的，处以五十万元以下的罚款；情节严重的，责令停业整顿、吊销营业执照。

新《消法》加大规范经营者行为的力度，强化对旅游消费者权益的保护，对促进我国旅游业的健康发展具有十分重要的意义。

《中华人民共和国价格法》规范旅行社价格行为的指导与适用

《中华人民共和国价格法》（以下简称《价格法》）于1997年12月29日第八届全国人民代表大会常务委员会第二十九次会议通过，1997年12月29日中华人民共和国主席令第九十二号公布，自1998年5月1日起施行。

我国的价格法律，在狭义上指《价格法》；在广义上还包括根据《价格法》制定的相关法规、规章、规范性文件（以下简称价格法律），其中涉及旅行社不正当价格行为认定和处罚的主要有：2000年国家计委令第8号《关于商品和服务实行明码标价的规定》、2001年国家计委令第15号《禁止价格欺诈行为的规定》（以下简称《规定》）、2010年国务院令第585号《价格违法行为行政处罚规定》、发改价监〔2015〕1382号国家发展改革委关于《禁止价格欺诈行为的规定》有关条款解释的通知（以下简称《解释》），为指导旅行社从业人员学习与适用，归纳要点解读如下。

一、旅行社是《价格法》规范的经营者之一

《价格法》第三条第三款规定，本法所称经营者是指从事生产、经营商品或者提供有偿服务的法人、其他组织和个人。按该条规定，我国《旅游法》中规定的旅游经营者，即旅行社、景区以及为旅游者提供交通、住宿、餐饮、购物、娱乐等服务的经营者，也是《价格法》中规定的经营者之一，应当遵守《价格法》。

二、价格法律要求经营者明码标价的规定

1. 明码标价定义。明码标价是指经营者收购、销售商品和提供服务按照本规定的要求公开标示商品价格、服务价格等有关情况的行为。

2. 经营者实行明码标价，应当遵循公开、公平和诚实信用的原则，做到价格标示内容真实明确，字迹清晰、标示醒目，并明确所标示的价格对应的商品和服务。

3. 价格变动时应当及时调整。

4. 经营者不得在明码标价之外加价出售商品和提供服务、不得收取任何未予标明的费用。

三、价格法律对经营者价格欺诈行为的认定

1. 价格欺诈行为定义。根据《规定》第三条，价格欺诈行为是指经营者利用虚假的或者使人误解的标价形式或者价格手段，欺骗、诱导消费者或者其他经营者与其进行交易的行为。

2.《规定》第三条所称“经营者利用虚假的或者使人误解的标价形式或者价格手段，欺骗、诱导消费者或者其他经营者与其进行交易的行为”，是指经营者通过标价形式或者价格手段虚构事实、隐瞒真实情况，欺骗、诱导消费者或者其他经营者与其进行交易；无论是否形成交易结果，均构成价格欺诈行为。

3. 根据《规定》第七条第（一）项规定，虚构原价，虚构降价原因，虚假优惠折价，谎称降价或者将要提价，诱骗他人购买的，属于价格欺诈行为。

《解释》第二条第一款规定，虚构原价，是指经营者在促销活动中，标示的原价属于虚假、捏造，并不存在或者从未有过交易记录。所称“虚假优惠折价”，是指经营者在促销活动中，标示的打折前价格或者通过实际成交价及折扣幅度计算出的打折前价格高于原价。

《解释》第二条第二款规定，前款所称“原价”是指经营者在本次促销活动前七日内在本交易场所成交，有交易票据的最低交易价格；如果前七日内没有交易，以本次促销活动前最后一次交易价格作为原价。

《解释》第二条第三款规定，经营者开展连续促销活动，首次促销活动中的促销让利难以准确核算到单个商品或者服务的，应当以首次促销活动中单个商品的结算价格作为计算下次价格促销活动时的原价。

《解释》第三条规定，经营者对未销售过的商品开展促销活动，不得使用“原价”“原售价”“成交价”等类似概念，误导消费者认为该商品在本经营场

所已有成交记录。否则属于本条所指的价格欺诈行为。

提示：根据上述规定，经营者在价格促销时标注“原价”字样的，应当同时满足以下四个要件：（1）时间要件：“本次促销活动”“前七日”内，如果前七日内没有交易，以最近一次交易时间为准；（2）地点要件：本交易场所；（3）成交要件：达成交易且有交易票据；（4）价格要件：本次促销活动前七日内“最低”交易价格。

经营者在价格促销时未标注“原价”字样，直接标注（×折优惠）折后价××元，或者直接标注（直降××后）现价××元，打折和降价应当在法定原价基础上进行，并符合以下要求：（1）经营者降价销售所标示的折扣商品或者服务，其标示的折扣幅度应与实际的折扣幅度一致。（2）经营者在促销活动中，标示的打折前价格或者通过实际成交价及折扣幅度计算出的打折前价格不得高于原价。

4.《规定》第六条第（三）项规定，使用欺骗性或者误导性的语言、文字、图片、计量单位等标价，诱导他人与其交易的，属于价格欺诈行为。

《解释》第四条规定，经营者采用与其他经营者或者其他销售业态进行价格比较的方式开展促销活动，应当准确标明被比较价格的含义，且能够证明标示的被比较价格真实有依据。否则属于本条所指的价格欺诈行为。

提示：价格比较应做到：（1）准确标明被比较价格的含义，且标示的被比较价格真实有依据；（2）在进行价格比较时，可以同时标明当前售价（或起价）与被比较价格的折扣幅度或者价差幅度；（3）避免将当前售价与市场价、参考价等无从考证的价格表示进行比较。

5.《规定》第七条第（二）项规定，销售商品和提供服务前有价格承诺，不履行或者不完全履行的，属于价格欺诈行为。

《解释》第五条规定，价格承诺，是指经营者以商业广告、产品说明、销售推介、实物样品或者通知、声明、店堂告示等方式，对商品价格作出的具体确定承诺。

提示：旅游产品常见有“提前约定及早订优惠”“满减及领券减”“两人立减及第二人打折”等价格承诺。早订优惠无特别说明应当保证参加早订活动的旅游者比之后购买相同产品的其他旅游者的价格更加优惠，如果早订不能保证比尾单等特定情况更优惠，应当事先说明或者不使用早订优惠这类促销方式；

符合提前预订及早订天数的预订条件，应当在相应日历表中标示的价格基础上进行扣减，如标示的价格已经进行了扣减，则应该在醒目位置进行说明；立减应当明确为每人立减还是每单立减。

6.《解释》第六条规定，经营者采取馈赠物品或者服务等方式开展促销活动，如果馈赠物品或者服务标示价格（或者价值）的，所标示的价格（或者价值）应当真实明确。否则属于价格欺诈行为。

7.《解释》第七条规定，经营者采取返还有价赠券或者积分返利等方式开展促销活动，有价赠券或者积分返利附加了使用条件，没有在赠券或者经营场所显著位置明确标示的，属于价格欺诈行为。

四、第三方网络交易平台构成价格欺诈行为的认定

《解释》第十条规定，第三方网络交易平台不直接向消费者或者其他经营者销售商品，不构成《规定》第三条所称的经营者。但有下列情形之一，应当认定第三方网络交易平台构成价格欺诈行为的主体：

（一）第三方网络交易平台在网站首页或者其他显著位置标示的某网络商品经营者所销售的商品价格低于该网络商品经营者在商品详情页面标示的价格的；

（二）第三方网络交易平台声称网站内所有或者部分商品开展促销活动，但网络商品经营者并未实际开展促销活动的；

（三）第三方网络交易平台提供的标价软件或者价格宣传软件等强制要求网络商品经营者进行虚假的或者引人误解的价格标示的。

第三方网络交易平台与网络商品经营者共同开展促销活动，并共同进行了价格标示、促销宣传，如果其价格标示、促销宣传虚假或者引人误解，则第三方网络交易平台与网络商品经营者构成价格欺诈行为的共同违法主体。

五、违反明码标价规定或构成价格欺诈行为的处罚

经营者违反明码标价规定，有下列行为之一的，责令改正，没收违法所得，可以并处5000元以下的罚款：（一）不标明价格的；（二）不按照规定的内容和方式明码标价的；（三）在标价之外加价出售商品或者收取未标明的费用的；（四）违反明码标价规定的其他行为。

经营者构成价格欺诈行为的，责令改正，没收违法所得，并处违法所得5倍以下的罚款；没有违法所得的，处5万元以上50万元以下的罚款；情节严重的，责令停业整顿，或者由工商行政管理机关吊销营业执照。

各级价格主管部门根据《规定》及《解释》认定经营者的价格行为未构成价格欺诈行为，但其价格行为违反明码标价有关规定的，应当依照明码标价有关规定查处。

拒绝提供价格监督检查所需资料或者提供虚假资料的，责令改正，给予警告；逾期不改正的，可以处10万元以下的罚款，对直接负责的主管人员和其他直接责任人员给予纪律处分。

逾期不缴纳罚款的，每日按罚款数额的3%加处罚款；逾期不缴纳违法所得的，每日按违法所得数额的2‰加处罚款。

综上所述，旅行社应学习、理解、遵守价格法律，避免因经营中的不正当价格行为而受到行政处罚。

《中华人民共和国广告法》涉及旅行社主要条款的理解与适用

《中华人民共和国广告法》(以下简称《广告法》)于1994年10月27日第八届全国人民代表大会常务委员会第十次会议通过。2015年4月24日第十二届全国人民代表大会常务委员会第十四次会议修订,自2015年9月1日起施行。根据2018年10月26日第十三届全国人民代表大会常务委员会第六次会议《关于修改〈中华人民共和国野生动物保护法〉等十五部法律的决定》修正。

针对旅行社在广告宣传活动时所涉及的问题,笔者归纳了以下要点,以便旅行社合法有效地开展广告宣传。

一、旅行社属于广告法律关系中的广告主

根据《广告法》第二条的规定:"在中华人民共和国境内,商品经营者或者服务提供者通过一定媒介和形式直接或者间接地介绍自己所推销的商品或者服务的商业广告活动,适用本法。"

《广告法》规定的广告主,是指为推销商品或者服务,自行或者委托他人设计、制作、发布广告的自然人、法人或者其他组织。因此,旅行社在广告活动中属于广告法律关系中的广告主。

商业广告活动,适用《广告法》;企业出资设计、制作、发布或者冠名的公益广告,适用《公益广告促进和管理暂行办法》。

二、旅行社商业广告中的虚假广告认定及法律责任

根据《广告法》的规定,广告以虚假或者引人误解的内容欺骗、误导消费者的,构成虚假广告。

广告有下列情形之一的，为虚假广告：

（一）商品或者服务不存在的；

（二）商品的性能、功能、产地、用途、质量、规格、成分、价格、生产者、有效期限、销售状况、曾获荣誉等信息，以及与商品或者服务有关的允诺等信息与实际情况不符，对购买行为有实质性影响的；

（三）使用虚构、伪造或者无法验证的科研成果、统计资料、调查结果、文摘、引用语等信息作证明材料的；

（四）虚构使用商品或者接受服务的效果的；

（五）以虚假或者引人误解的内容欺骗、误导消费者的其他情形。

关于虚假广告的认定，一般从两个方面，一是广告所宣传的产品或服务本身不存在的，为虚假广告。例如，没有该地旅游项目，虚构产品发布广告，或者不具备从事特定服务的资质、能力等，就发布提供该特定服务的广告等；二是广告所宣传的产品或服务的主要内容与实际情况不符，对购买行为有实质性影响的，为虚假广告。虚假广告情形千变万化，在本法中无法逐一列举，为防止挂一漏万，本项规定了兜底条款。

违反本法规定，发布虚假广告的，由市场监督管理部门责令停止发布广告，责令广告主在相应范围内消除影响，处广告费用三倍以上五倍以下的罚款，广告费用无法计算或者明显偏低的，处二十万元以上一百万元以下的罚款；两年内有三次以上违法行为或者有其他严重情节的，处广告费用五倍以上十倍以下的罚款，广告费用无法计算或者明显偏低的，处一百万元以上二百万元以下的罚款，可以吊销营业执照，并由广告审查机关撤销广告审查批准文件、一年内不受理其广告审查申请。

违反本法规定，发布虚假广告，欺骗、误导消费者，使购买商品或者接受服务的消费者的合法权益受到损害的，由广告主依法承担民事责任。

三、旅行社商业广告内容的规定及违规处罚

《广告法》第八条规定：“广告中对商品的性能、功能、产地、用途、质量、成分、价格、生产者、有效期限、允诺等或者对服务的内容、提供者、形式、质量、价格、允诺等有表示的，应当准确、清楚、明白。

广告中表明推销的商品或者服务附带赠送的，应当明示所附带赠送商品或

者服务的品种、规格、数量、期限和方式。

法律、行政法规规定广告中应当明示的内容，应当显著、清晰表示。”

《广告法》第十一条规定：“广告内容涉及的事项需要取得行政许可的，应当与许可的内容相符合。广告使用数据、统计资料、调查结果、文摘、引用语等引证内容的，应当真实、准确，并表明出处。引证内容有适用范围和有效期限的，应当明确表示。”

具体到旅游产品广告，广告中对旅行社全称，诚信、荣誉信息，服务的内容及提供者信息，服务形式、质量、价格、允诺等，应当准确、清楚、明白；不得出现“准 × 星级”“相当于 × 星级”“豪华”“仅供参考”“与 × × 同级”等模糊不确定性用语。

广告内容应当与旅行社的经营许可资质相符合。经营出境旅游的旅行社应具有经营出境旅游业务资格；经营赴台湾地区旅游的旅行社除了应具有上述经营出境旅游业务资格外，还应具有组织大陆居民赴台湾地区旅游的经营资格。

旅游产品广告内容违反上述第八条、第十一条规定的，由市场监督管理部门责令停止发布广告，对广告主处十万元以下的罚款。

《广告法》第十四条规定：“广告应当具有可识别性，能够使消费者辨明其为广告。”

旅游产品广告内容违反上述第十四条规定，不具有可识别性的，由市场监督管理部门责令改正，对广告发布者处十万元以下的罚款。

四、旅行社商业广告中禁止或不得有的情形及罚则

（一）使用或者变相使用中华人民共和国的国旗、国歌、国徽，军旗、军歌、军徽。

（二）使用或者变相使用国家机关、国家机关工作人员的名义或者形象。

（三）使用“国家级”“最高级”“最佳”等用语。

（四）损害国家的尊严或者利益，泄露国家秘密。

（例如，港澳台旅游产品中，台湾和港澳后面必须加上“地区”2 个字，如“台湾地区”“港澳地区”。）

（五）妨碍社会安定，损害社会公共利益。

（六）危害人身、财产安全，泄露个人隐私。

（七）妨碍社会公共秩序或者违背社会良好风尚。

（八）含有淫秽、色情、赌博、迷信、恐怖、暴力的内容。

（九）含有民族、种族、宗教、性别歧视的内容。

（十）妨碍环境、自然资源或者文化遗产保护。

（十一）不得损害未成年人和残疾人的身心健康。

有上述（一）至（十一）行为之一的，由市场监督管理部门责令停止发布广告，对广告主处二十万元以上一百万元以下的罚款，情节严重的，并可以吊销营业执照。

（十二）除医疗、药品、医疗器械广告外，禁止其他任何广告涉及疾病治疗功能，并不得使用医疗用语或者易使推销的商品与药品、医疗器械相混淆的用语。（例如，涉及温泉旅游的广告中不得出现旅游景点的温泉可治疗某些疾病的广告词。）

（十三）不得利用不满十周岁的未成年人作为广告代言人。

（十四）不得利用在虚假广告中作推荐、证明受到行政处罚未满三年的自然人、法人或者其他组织作为广告代言人。

（十五）不得在中小学校、幼儿园内开展广告活动，不得利用中小学生和幼儿的教材、教辅材料、练习册、文具、教具、校服、校车等发布或者变相发布广告，但公益广告除外。

（例如，与学校合作开展的研学旅游产品，不得利用上述物品发布广告；但大学不受此限制。）

有上述（十二）至（十五）行为之一的，由市场监督管理部门责令停止发布广告，责令广告主在相应范围内消除影响，处广告费用一倍以上三倍以下的罚款，广告费用无法计算或者明显偏低的，处十万元以上二十万元以下的罚款；情节严重的，处广告费用三倍以上五倍以下的罚款，广告费用无法计算或者明显偏低的，处二十万元以上一百万元以下的罚款，可以吊销营业执照。

（十六）不得贬低其他生产经营者的商品或者服务。

（例如，在进行产品、服务质量等对比时，不得拿同业旅行社做反面例子，不得出现该旅行社的名称、商标、商号等，不得有明确的指向性。）

违反上述规定的，由市场监督管理部门责令停止发布广告，对广告主处十万元以下的罚款。

（十七）任何单位或者个人未经当事人同意或者请求，不得向其住宅、交通工具等发送广告，也不得以电子信息方式向其发送广告。

违反上述规定的，由有关部门责令停止违法行为，对广告主处五千元以上三万元以下的罚款。

（十八）利用互联网发布、发送广告，不得影响用户正常使用网络。在互联网页面以弹出等形式发布的广告，应当显著标明关闭标志，确保一键关闭。

违反上述规定的，由市场监督管理部门责令改正，对广告主处五千元以上三万元以下的罚款。

旅行社有上述（一）至（十八）列举违法行为的，由市场监督管理部门记入信用档案，并依照有关法律、行政法规规定予以公示。

五、旅行社在广告活动中应遵守的广告规范

（一）广告主委托设计、制作、发布广告，应当委托具有合法经营资格的广告经营者、广告发布者。

（具有广告经营、发布资质）

（二）广告主、广告经营者、广告发布者之间在广告活动中应当依法订立书面合同。

（三）广告主在广告中使用他人名义或者形象的，应当事先取得其书面同意；使用无民事行为能力人、限制民事行为能力人的名义或者形象的，应当事先取得其监护人的书面同意。

2015 年修订的《广告法》，进一步完善了广告监管法律制度，加大了虚假违法广告惩治力度，对构建文明诚信的市场秩序具有极其重要的现实意义。

《中华人民共和国反不正当竞争法》涉及旅行社行业要点解读

《中华人民共和国反不正当竞争法》（以下简称“本法”）于1993年9月2日第八届全国人民代表大会常务委员会第三次会议通过。2017年11月4日第十二届全国人民代表大会常务委员会第三十次会议修订，自2018年1月1日起施行。

本法赋有“市场经济宪法”之称，施行23年来首次修订，删除了涉及反垄断法、招标投标法、商标法已有规定的条文；完善了对不正当竞争行为和经营者的定义；对典型的不正当竞争行为如市场混淆、商业贿赂、引人误解的商业宣传、侵犯商业秘密等行为进行了界定；加大行政处罚及民事赔偿力度；违反本法规定，构成犯罪的，依法追究刑事责任。

2019年4月23日，根据第十三届全国人民代表大会常务委员会第十次会议《关于修改〈中华人民共和国建筑法〉等八部法律的决定》，对本法作出修改。

本法涉及旅行社经营的诸多方面，违反本法最高可处五百万元以下的罚款，须引起旅行社的高度重视。笔者针对本法涉及旅行社行业的要点解读如下，以飨广大旅游从业人员。

一、不正当竞争行为和经营者的概念

本法第二条规定：

不正当竞争行为“是指经营者在生产经营活动中，违反本法规定，扰乱市场竞争秩序，损害其他经营者或者消费者的合法权益的行为”。

本法修订增加了“消费者”，明确本法保护的客体是“市场竞争秩序”以及“经营者或者消费者的合法权益”。旅游者作为消费者之一，也受本法的保护。

经营者“是指从事商品生产、经营或者提供服务（以下所称商品包括服务）的自然人、法人和非法人组织”。

旅行社属于本法规范的经营者之一，在从事旅游产品设计、营销、提供旅游服务时，不得有不正当竞争行为。

二、行业组织的义务性规定

本法第五条是社会监督权的规定，修订增加了行业组织的义务性规定：“行业组织应当加强行业自律，引导、规范会员依法竞争，维护市场竞争秩序。”

这一条款，是本法规定行业组织应当积极履行的法定义务。

三、市场混淆行为的范围界定及法律责任

本法第六条对市场“混淆行为”进行了准确的界定，规定：

“经营者不得实施下列混淆行为，引人误认为是他人商品或者与他人存在特定联系：

（一）擅自使用与他人有一定影响的商品名称、包装、装潢等相同或者近似的标识；

（二）擅自使用他人有一定影响的企业名称（包括简称、字号等）、社会组织名称（包括简称等）、姓名（包括笔名、艺名、译名等）；

（三）擅自使用他人有一定影响的域名主体部分、网站名称、网页等；

（四）其他足以引人误认为是他人商品或者与他人存在特定联系的混淆行为。”

其中“有一定影响”，非穷举地列出在商品名称、包装、装潢、名称、姓名、域名、网页等方面引人误认的均属于混淆行为，涵盖了目前实践中常见的混淆商业标识的行为，凡是足以引人误认为是他人商品或者与他人存在特定联系的行为均属于反不正当竞争法所打击的混淆行为；增加了兜底条款第（四）项规定，以顺应市场变化出现新的混淆行为，防止遗漏。

违反本条的赔偿标准：经营者违反本法规定，给他人造成损害的，应当依法承担民事责任。赔偿数额按照其因被侵权所受到的实际损失确定；实际损失难以计算的，按照侵权人因侵权所获得的利益确定。经营者恶意实施侵犯商业

秘密行为，情节严重的，可以在按照上述方法确定数额的一倍以上五倍以下确定赔偿数额。赔偿数额还应当包括经营者为制止侵权行为所支付的合理开支。权利人因被侵权所受到的实际损失、侵权人因侵权所获得的利益难以确定的，由人民法院根据侵权行为的情节判决给予权利人五百万元以下的赔偿。

违反本条的处罚标准：由监督检查部门责令停止违法行为，没收违法商品。违法经营额五万元以上的，可以并处违法经营额五倍以下的罚款；没有违法经营额或者违法经营额不足五万元的，可以并处二十五万元以下的罚款。情节严重的，吊销营业执照。

经营者登记的企业名称违反本法第六条规定的，应当及时办理名称变更登记；名称变更前，由原企业登记机关以统一社会信用代码代替其名称。

四、商业贿赂的对象、构成界定及罚则

本法第七条对贿赂对象进行了更准确的界定，规定：

“经营者不得采用财物或者其他手段贿赂下列单位或者个人，以谋取交易机会或者竞争优势：

（一）交易相对方的工作人员；

（二）受交易相对方委托办理相关事务的单位或者个人；

（三）利用职权或者影响力影响交易的单位或者个人。

经营者在交易活动中，可以以明示方式向交易相对方支付折扣，或者向中间人支付佣金。经营者向交易相对方支付折扣、向中间人支付佣金的，应当如实入账。接受折扣、佣金的经营者也应当如实入账。

经营者的工作人员进行贿赂的，应当认定为经营者的行为；但是，经营者有证据证明该工作人员的行为与为经营者谋取交易机会或者竞争优势无关的除外。”

根据本法第七条第二款的规定，同时具备以下情形的，不构成商业贿赂行为：

（一）以明示方式向交易相对方支付折扣，或者向中间人支付佣金；

（二）支付和接受折扣、佣金的经营者如实入账；

（三）不影响其他竞争者开展质量、价格、服务等方面的公平竞争。

旅行社必须重视：本法将交易相对方的旅行社的工作人员、受交易相对方

委托办理相关事务的旅行社或者个人以及利用职权或者影响力影响交易的旅行社或者个人，纳入商业贿赂规制范围；并规定旅行社的工作人员进行贿赂的，在无反证的情况下将被认定为旅行社的行为。

违反本条的处罚标准：经营者违反本条规定贿赂他人的，由监督检查部门没收违法所得，处十万元以上三百万元以下的罚款。情节严重的，吊销营业执照。

五、虚假宣传行为的内容、认定标准及法律责任

本法第八条对经营者虚假宣传行为作出规定：

“经营者不得对其商品的性能、功能、质量、销售状况、用户评价、曾获荣誉作虚假或者引人误解的商业宣传，欺骗、误导消费者。”

“经营者不得通过组织虚假交易等方式，帮助其他经营者进行虚假或者引人误解的商业宣传。”

上述规定中，虚假宣传的内容即商品的“性能、功能、质量、销售状况、用户评价、曾获荣誉”作虚假或者引人误解的商业宣传，这一规定主要针对电子商务领域虚假宣传、刷单问题严重的情形提出，遏制电商进行虚假宣传、刷单、删除差评等行为，以及虚假交易的组织者的组织行为均将纳入本法打击范围。该规定的出台和执行，将促使经营者之间的竞争更加公平、诚信。

根据本法第八条以及《最高人民法院关于审理不正当竞争民事案件应用法律若干问题的解释》第八条规定，按照宣传内容真实与否可以分成以下三种类型：第一，对其产品或者服务进行了虚假内容的陈述，且使人对所宣传的产品服务内容、提供者、形式、质量等方面产生误解的情形属于虚假宣传，但以明显的夸张方式宣传产品或者服务，不足以造成相关公众误解的除外；第二，对于陈述的内容虽然真实，但因内容来源、宣传角度和目的等原因，仍足以引人误解的情形亦属于虚假宣传；第三，将科学上未定论的观点、现象等当作定论的事实用于商品宣传，而导致相关公众对产品服务质量等产生误解的情形亦属于虚假宣传。上述三种类型的虚假宣传行为，其本质是“虚假或者引人误解”，其判断标准应当是根据日常生活经验、相关公众一般注意力、发生误解的事实和被宣传对象的实际情况等因素考察是否足以使一般的相关公众对于被宣传的商品或服务产生错误认识而影响其购买的选择。

违反本条的处罚标准：经营者违反本条规定对其商品作虚假或者引人误解的商业宣传，或者通过组织虚假交易等方式帮助其他经营者进行虚假或者引人误解的商业宣传的，由监督检查部门责令停止违法行为，处二十万元以上一百万元以下的罚款；情节严重的，处一百万元以上二百万元以下的罚款，可以吊销营业执照。

经营者违反本法第八条规定，属于发布虚假广告的，依照《中华人民共和国广告法》的规定处罚。

本法第十一条还规定："经营者不得编造、传播虚假信息或者误导性信息，损害竞争对手的商业信誉、商品声誉。"

违反本条的处罚标准：由监督检查部门责令停止违法行为、消除影响，处十万元以上五十万元以下的罚款；情节严重的，处五十万元以上三百万元以下的罚款。

六、侵犯商业秘密行为的界定及法律责任和举证责任

本法第九条规定："经营者不得实施下列侵犯商业秘密的行为：

（一）以盗窃、贿赂、欺诈、胁迫、电子侵入或者其他不正当手段获取权利人的商业秘密；

（二）披露、使用或者允许他人使用以前项手段获取的权利人的商业秘密；

（三）违反保密义务或者违反权利人有关保守商业秘密的要求，披露、使用或者允许他人使用其所掌握的商业秘密。

（四）教唆、引诱、帮助他人违反保密义务或者违反权利人有关保守商业秘密的要求，获取、披露、使用或者允许他人使用权利人的商业秘密。

经营者以外的其他自然人、法人和非法人组织实施前款所列违法行为的，视为侵犯商业秘密。

第三人明知或者应知商业秘密权利人的员工、前员工或者其他单位、个人实施前款所列违法行为，仍获取、披露、使用或者允许他人使用该商业秘密的，视为侵犯商业秘密。

本法所称的商业秘密，是指不为公众所知悉、具有商业价值并经权利人采取相应保密措施的技术信息、经营信息等商业信息。"

本法对商业秘密的概念做出了新的界定，将商业秘密的构成要件，从原来

的秘密性、保密性、价值性、实用性四要素，缩减为秘密性、保密性、价值性三要素；不再强调本法所保护的商业秘密应当具有实用性，创意方案尚未付诸实用也可以属于商业秘密；此外，对于侵犯商业秘密的手段增加了“欺诈”方式获取。

违反本条的赔偿标准：经营者违反本法规定，给他人造成损害的，应当依法承担民事责任。赔偿数额按照其因被侵权所受到的实际损失确定；实际损失难以计算的，按照侵权人因侵权所获得的利益确定。经营者恶意实施侵犯商业秘密行为，情节严重的，可以在按照上述方法确定数额的一倍以上五倍以下确定赔偿数额。赔偿数额还应当包括经营者为制止侵权行为所支付的合理开支。权利人因被侵权所受到的实际损失、侵权人因侵权所获得的利益难以确定的，由人民法院根据侵权行为的情节判决给予权利人五百万元以下的赔偿。

违反本条的处罚标准：经营者以及其他自然人、法人和非法人组织违反本法第九条规定侵犯商业秘密的，由监督检查部门责令停止违法行为，没收违法所得，处十万元以上一百万元以下的罚款；情节严重的，处五十万元以上五百万元以下的罚款。

在侵犯商业秘密的民事审判程序中，商业秘密权利人提供初步证据，证明其已经对所主张的商业秘密采取保密措施，且合理表明商业秘密被侵犯，涉嫌侵权人应当证明权利人所主张的商业秘密不属于本法规定的商业秘密。

商业秘密权利人提供初步证据合理表明商业秘密被侵犯，且提供以下证据之一的，涉嫌侵权人应当证明其不存在侵犯商业秘密的行为：

（一）有证据表明涉嫌侵权人有渠道或者机会获取商业秘密，且其使用的信息与该商业秘密实质上相同；

（二）有证据表明商业秘密已经被涉嫌侵权人披露、使用或者有被披露、使用的风险；

（三）有其他证据表明商业秘密被涉嫌侵权人侵犯。

七、规制互联网特有的技术手段不正当竞争行为及罚则

本法第十二条规定：“经营者利用网络从事生产经营活动，应当遵守本法的各项规定。

经营者不得利用技术手段，通过影响用户选择或者其他方式，实施下列妨

碍、破坏其他经营者合法提供的网络产品或者服务正常运行的行为：

（一）未经其他经营者同意，在其合法提供的网络产品或者服务中，插入链接、强制进行目标跳转；

（二）误导、欺骗、强迫用户修改、关闭、卸载其他经营者合法提供的网络产品或者服务；

（三）恶意对其他经营者合法提供的网络产品或者服务实施不兼容；

（四）其他妨碍、破坏其他经营者合法提供的网络产品或者服务正常运行的行为。”

对于上述互联网行业技术手段以外的不正当竞争行为，全国人大法工委认为属于传统不正当竞争行为在互联网的延续，对此应适用本法其他相关规定进行规制。

违反本条的处罚标准：由监督检查部门责令停止违法行为，处十万元以上五十万元以下的罚款；情节严重的，处五十万元以上三百万元以下的罚款。

八、对涉嫌不正当竞争行为的调查措施及罚则

本法第十三条至第十六条，对涉嫌不正当竞争行为的调查措施及其相关内容作出了明确规定。

明确了监督检查部门调查时可以采取进入场所、询问情况、查询复制资料、查封扣押财物、查询银行账户等措施，并规定了监督检查部门采取上述措施时，应当按本法规定书面报告，并经批准。

违反本条的处罚标准：妨害监督检查部门依照本法履行职责，拒绝、阻碍调查的，由监督检查部门责令改正，对个人可以处五千元以下的罚款，对单位可以处五万元以下的罚款，并可以由公安机关依法给予治安管理处罚。

经营者违反上述三至八的规定，从事不正当竞争，有主动消除或者减轻违法行为危害后果等法定情形的，依法从轻或者减轻行政处罚；违法行为轻微并及时纠正，没有造成危害后果的，不予行政处罚。

九、不正当竞争行为处罚公示

经营者违反本法规定从事不正当竞争，受到行政处罚的，由监督检查部门记入信用记录，并依照有关法律、行政法规的规定予以公示。

十、经营者财产优先承担民事责任

经营者违反本法规定，应当承担民事责任、行政责任和刑事责任，其财产不足以支付的，优先用于承担民事责任。

旅行社的合法权益受到不正当竞争行为损害的，应及时聘请律师维权向人民法院提起诉讼；通过民事诉讼，经营者和消费者可以救济由于不正当竞争行为而遭受的损害。

新修订的《反不正当竞争法》，涵盖了实践中常见的不正当竞争行为，更具实践性与可操作性，对促进市场竞争更加公平、诚信、健康发展意义重大。

司法解释

《最高人民法院关于审理旅游纠纷案件适用法律若干问题的规定》解读与提示

《最高人民法院关于审理旅游纠纷案件适用法律若干问题的规定》(法释〔2010〕13号，以下简称《规定》)于2010年9月13日由最高人民法院审判委员会第1496次会议通过，自2010年11月1日起施行。

《规定》明确界定了旅行社的责任分担，首次明确了旅行社的免责条款。笔者经过对司法解释深入细致的研读，针对旅行社行业如何以司法解释的实施为契机，依法维权，规避风险，归纳出以下十二个要点，供旅游行业从业人员参考学习：

一、旅游经营者必须与旅游辅助服务者签订合同

《规定》首次定义了“旅游经营者”和“旅游辅助服务者”两个概念。

“旅游经营者”是指以自己的名义经营旅游业务，向公众提供旅游服务的人。旅行社就是典型的旅游经营者。

“旅游辅助服务者”是指与旅游经营者存在合同关系，协助旅游经营者履行旅游合同义务，实际提供交通、游览、住宿、餐饮、娱乐等旅游服务的人。我们日常俗称的为旅行社提供服务的“供应商”全部属于“旅游辅助服务者”。

《规定》第四条明确，因旅游辅助服务者的原因导致旅游经营者违约，旅游者仅起诉旅游经营者的，人民法院可以将旅游辅助服务者追加为第三人。

解读与提醒：组团旅行社必须与地接社或实际提供交通、游览、住宿、餐饮、娱乐等旅游服务的供应商等旅游辅助服务者签订委托合同，明确各自的权利、义务，一旦因旅游辅助服务者的原因导致组团旅行社违约而被旅游

者起诉时，就可将旅游辅助服务者追加为第三人，以维护组团旅行社的合法权益。

二、霸王条款将受约束

《规定》第六条明确，旅游经营者以格式合同、通知、声明、告示等方式作出对旅游者不公平、不合理的规定，或者减轻、免除其损害旅游者合法权益的责任，旅游者请求依据《消费者权益保护法》的规定认定该内容无效的，人民法院应予支持。

解读与提醒：旅行社须修订格式合同、通知、声明、告示中，对旅游者作出的不公平、不合理的，或者减轻、免除其损害旅游者合法权益责任的相关条款。

三、因第三人的行为造成旅游者人身损害、财产损失的，由第三人承担责任；旅游经营者、旅游辅助服务者未尽安全保障义务的，承担相应补充责任

《规定》第七条明确，旅游经营者、旅游辅助服务者未尽到安全保障义务，造成旅游者人身损害、财产损失，旅游者请求旅游经营者、旅游辅助服务者承担责任的，人民法院应予支持。因第三人的行为造成旅游者人身损害、财产损失，由第三人承担责任；旅游经营者、旅游辅助服务者未尽安全保障义务，旅游者请求其承担相应补充责任的，人民法院应予支持。

解读与提醒：在司法实践中，安全保障义务体现在三个方面：对可能危及旅游者人身、财产安全的旅游项目的告知及警示义务和其他具有警示必要和警示可能的旅游风险警示义务；提供合理安全的旅游服务义务；事故发生后的积极救助义务。旅游经营者、旅游辅助服务者负有举证责任，必须有证据证明尽到上述安全保障义务。因第三人的行为造成旅游者人身损害、财产损失的，旅游经营者、旅游辅助服务者尽到上述安全保障义务的，不承担责任；未尽安全保障义务的，承担相应的补充责任。

四、旅游者未按旅行社要求提供个人健康信息、未履行如实告知义务，参加不适合自身条件的旅游活动出现人身损害、财产损失，旅行社不承担责任

《规定》第八条明确，旅游者未按旅游经营者、旅游辅助服务者的要求提供与旅游活动相关的个人健康信息并履行如实告知义务，或者不听从旅游经营者、旅游辅助服务者的告知、警示，参加不适合自身条件的旅游活动，导致旅游过程中出现人身损害、财产损失，旅游者请求旅游经营者、旅游辅助服务者承担责任的，人民法院不予支持。

解读与提醒：该条规定了旅行社有要求旅游者提供身体健康申报的权利，如实告知是旅游者的法定义务，凸显了“身体健康申报”的重要性。旅行社对旅游者申报有恶性肿瘤、心血管病、高血压、呼吸系统疾病、癫痫、怀孕、精神疾病、身体残疾、糖尿病、传染性疾病、慢性疾病健康受损等病情的，可告知旅游者应自行前往医疗机构体检后，书面承诺确保自身身体条件能够完成本次旅游活动，方能参加旅游。

五、旅游者个人信息受到保护

《规定》第九条明确，旅游经营者、旅游辅助服务者泄露旅游者个人信息或者未经旅游者同意公开其个人信息，旅游者请求其承担相应责任的，人民法院应予支持。

解读与提醒：该条规定，未将造成损害后果作为责任承担的依据，只要旅游经营者、旅游辅助服务者有泄露旅游者个人信息或者未经旅游者同意公开其个人信息的行为，就是对消费者个人隐私权的侵害，就应当承担相应的法律责任。

六、因不可抗力等不可归责于旅行社的客观原因变更旅游行程，在征得旅游者同意后，旅游者分担因此增加的旅游费用

《规定》第十三条明确，因不可抗力等不可归责于旅游经营者、旅游辅助服务者的客观原因变更旅游行程，在征得旅游者同意后，旅游经营者请求旅游者分担因此增加的旅游费用或旅游者请求旅游经营者退还因此减少的旅游费用

的，人民法院应予支持。

解读与提醒：由于恶劣天气、自然灾害、战争、罢工、骚乱、恐怖事件、政府行为、公共卫生事件等客观原因，造成旅游行程安排的交通服务延误、景区临时关闭、宾馆饭店临时被征用、出境管制、边境关闭、目的地入境政策临时变更、我国政府机构发布橙色及以上旅游预警信息等，均会导致旅游目的无法实现。上述事件均不可归责于旅游经营者、旅游辅助服务者，与旅游者之间互不承担违约责任。但导致变更旅游行程增加的旅游费用，在实践中，旅行社可事先在旅游合同中约定应由旅游者分担，使旅行社垫付的增加的旅游费用，得以向旅游者追偿。

七、因旅游辅助服务者的原因造成旅游者人身损害、财产损失，旅游经营者对旅游辅助服务者未尽谨慎选择义务的，承担相应补充责任

《规定》第十四条明确，因旅游辅助服务者的原因造成旅游者人身损害、财产损失，旅游者选择请求旅游辅助服务者承担侵权责任的，人民法院应予支持。旅游经营者对旅游辅助服务者未尽谨慎选择义务，旅游者请求旅游经营者承担相应补充责任的，人民法院应予支持。

解读与提醒：旅行社委托旅游辅助服务者时，必须尽到“谨慎选择”的法定义务，旅游辅助服务者必须具备合法有效的营业执照和专营许可证及其社会公开信息中有关良好的服务质量、诚信等，旅行社对此负有举证责任。旅行社和旅游辅助服务者的委托合同中，必须附有上述内容的附件。

八、旅行社擅改旅游行程、漏景点、减服务项目、降服务标准，加重赔偿；提供服务有欺诈行为的，双倍赔偿

《规定》第十七条明确，旅游经营者违反合同约定，有擅自改变旅游行程、遗漏旅游景点、减少旅游服务项目、降低旅游服务标准等行为，旅游者请求旅游经营者赔偿未完成约定旅游服务项目等合理费用的，人民法院应予支持。旅游经营者提供服务时有欺诈行为，旅游者请求旅游经营者双倍赔偿其遭受的损失的，人民法院应予支持。

解读与提醒：从维护旅游者利益的角度，该条规定旅行社不仅仅要赔偿

旅游者旅游门票、交通费等损失，旅游者未完成约定行程的合理费用均应得到赔偿。如旅行社提供服务有欺诈行为的，不仅属于严重违约，而且有违诚实信用原则，此种情况下为足以警示违约方，旅行社应双倍赔偿旅游者的损失。

九、由于旅游经营者无法控制的公共交通工具的延误的，旅行社免责；但因此变更旅游行程，如导致增加的旅游费用由旅游者分担的，可事先在旅游合同中约定，使旅行社得以兑现

《规定》第十八条明确，因飞机、火车、班轮、城际客运班车等公共客运交通工具延误，导致合同不能按照约定履行，旅游者请求旅游经营者退还未实际发生的费用的，人民法院应予支持。合同另有约定的除外。

解读与提醒：公共交通工具延误是指飞机、火车、班轮、城际客运班车的延误，是旅游经营者不能控制的，在此情况下旅行社免责；如果是旅游经营者可以控制的旅游车的延误，则旅行社不能免除责任。根据该条最后的“但书”规定所示“合同另有约定的除外”，因公共交通工具延误导致变更旅游行程如有增加的旅游费用，应由旅游者分担的，可事先在旅游合同中约定，使旅行社得以兑现；因公共交通工具延误导致未实际发生的费用的，也可就具体退还事宜根据各种不同的情况事先在旅游合同中约定。

十、旅游者在自行安排活动期间遭受人身损害、财产损失，旅游经营者未尽到必要的提示义务、救助义务的，要承担相应责任

《规定》第十九条明确，旅游者在自行安排活动期间遭受人身损害、财产损失，旅游经营者未尽到必要的提示义务、救助义务的，承担相应责任的，人民法院应予支持。

前款规定的自行安排活动期间，包括旅游经营者安排的在旅游行程中独立的自由活动期间、旅游者不参加旅游行程的活动期间以及旅游者经导游或者领队同意暂时离队的个人活动期间等。

解读与提醒：该规定要求旅行社在旅游者在“自行安排活动期间”，必须尽到必要的提示义务，在旅游者遭受人身损害、财产损失时，必须尽到救助义务。对此，旅行社可以在旅游合同的约定事由中用以下文字作出提示：“旅游

者在旅游行程中的‘自行安排活动期间’，旅游者应当选择自己能够控制风险的活动项目，在自己能够控制风险的范围内活动，并对自己的安全负责。”

十一、旅行社须事先向旅游者声明或者提示，将现金、有价证券、贵重物品随身携带，不要放入行李物品中

《规定》第二十二条明确，旅游经营者或者旅游辅助服务者为旅游者代管的行李物品损毁、灭失，旅游者请求赔偿损失的，人民法院应予支持，但下列情形除外：

（一）损失是由于旅游者未听从旅游经营者或者旅游辅助服务者的事先声明或者提示，未将现金、有价证券、贵重物品由其随身携带而造成的；（二）损失是由于不可抗力、意外事件造成的；（三）损失是由于旅游者的过错造成的；（四）损失是由于物品的自然属性造成的。

解读与提醒：该规定明确了旅游经营者与旅游辅助服务者的责任赔偿范围和除外情况。旅游者的物品分为行李物品与随身物品。对于行李物品，旅游者不可能随身携带，只能由旅游经营者或者旅游辅助服务者为旅游者代管，如果在保管期间发生行李物品的毁损与灭失，适用保管合同的规定。现金、有价证券、贵重物品属于随身物品，旅游经营者与旅游辅助服务者无保管的义务，应当提示旅游者随身携带，不要放入行李物品中。

十二、自由行经营者只应承担可控制的风险责任

《规定》第二十五条明确，旅游经营者事先设计，并以确定的总价提供交通、住宿、游览等一项或者多项服务，不提供导游和领队服务，由旅游者自行安排游览行程的旅游过程中，旅游经营者提供的服务不符合合同约定，侵害旅游者合法权益，旅游者请求旅游经营者承担相应责任的，人民法院应予支持。旅游者在自行安排的旅游活动中合法权益受到侵害，请求旅游经营者、旅游辅助服务者承担责任的，人民法院不予支持。

解读与提醒：根据该规定，旅游经营者事先设计，并以确定的总价提供交通、住宿、游览等一项或多项服务，不提供导游和领队服务，由旅游者自行安排游览行程的旅游产品为自由行。

自由行是旅游业内俗称的“小包价”产品。其通常表现为“机票+酒店”

的形式，旅游经营者并不提供导游和领队。自由行的旅游者由于自由度较大，因此，自由行过程中的责任承担，应以旅游经营者能够控制的风险为限。对于自由行产品来讲，只要旅游经营者提供的服务符合合同约定，则其无须承担责任。对于其未提供服务的部分，即旅游者自行安排的活动，旅游经营者对在此期间的风险无从控制，旅游经营者不应承担责任。

行政法规

《旅行社条例》规范旅行社行业的二十要点解读

《旅行社条例》（以下简称《条例》）于2009年2月20日中华人民共和国国务院令第550号公布，自2009年5月1日起施行。1996年10月15日国务院发布的《旅行社管理条例》同时废止。后经两次修订，修订后的《旅行社条例》于2017年3月1日生效。

《条例》降低了旅行社的设立门槛，对旅行社的管理采用了“宽进严管”的思路，促进行业发展，这是《条例》精髓所在。既有利于促进经营旅游业务的迅速发展，活跃旅游经济；又用众多严厉的管理规定给旅行社戴上“金箍”，严加规范，“铁腕”惩治不法行为，加强行业管理，促使旅行社严格管理、规范经营。现将其二十要点解读如下：

一、放宽旅行社申领许可

申领国内、入境旅游业务及出境旅游业务的《旅行社业务经营许可证》的行政机关分别放宽到经授权的市一级和省一级旅游行政管理部门，申领难度大大减小。

二、取消旅行社设立限制

取消了经营人员资格证书的限制，设立分社也不用再增加注册资本。

三、降低质保金免管理费

凡旅行社均能经营国内、入境旅游业务，质量保证金由原《旅行社管理条例》规定入境旅游业务的60万元减少到20万元，降低幅度巨大。并且旅行社取得经营许可证满两年，且未因侵害旅游者合法权益受到行政机关罚款以上处罚的，均可以申请经营出境旅游业务。另外，质量保证金的利息全部归旅行社，旅游管理部门不再从中提取“管理费”。

四、增设外商独资旅行社

外商可单独设立旅行社。外商投资旅行社除原来规定的中外合资经营旅行社和中外合作经营旅行社外，还增加了外资独资的旅行社，取消了原《旅行社管理条例》规定的注册资本必须达到400万元的最低限额，并且取消了涉外旅行社对中国投资者及外商旅游经营者的诸多限制性条件的规定。

五、禁止虚假宣传等行为

行业内以前经常发生的虚假宣传、低于成本价揽客等损害游客利益的行为，被《条例》明确规定禁止并由市场监督管理部门依法给予处罚。

六、严格规范服务网点经营

旅行社服务网点应当接受旅行社的统一管理，不得从事招徕、咨询以外的活动。违反的，没收违法所得并处罚款最高50万元。

七、严禁合同之外有偿服务

旅行社未经旅游者同意在旅游合同约定之外提供其他有偿服务的，予以行政处罚。

八、严禁非法转让经营许可

转让、出租、出借旅行社业务许可证的行为也将被明令禁止。违反的，由旅游行政管理部门责令停业整顿1~3个月，并没收违法所得；情节严重的，吊销旅行社业务经营许可证。

九、严格规范合同载明事项

签订《旅游合同》必须载明必备事项，未与旅游者签订合同或签订的合同未载明必备事项的，最高罚款10万元，情节严重的停业整顿1~3个月。

十、严禁非法委托旅游业务

未取得旅游者同意，将旅游业务委托给其他旅行社，最高罚款10万元，情节严重的停业整顿1~3个月。

十一、规范签订委托地接合同

未与地接旅行社就接待旅游者的事宜签订委托合同的，最高罚款10万元，情节严重的停业整顿1~3个月。

十二、团队须派领队全程陪同

不为旅游团队安排领队全程陪同的，最高罚款5万元，拒不改正的停业整顿1~3个月。

十三、规范委派导游领队持证

旅行社委派的导游人员和领队人员，未持有国家规定的导游证，最高罚款10万元。

十四、严处擅自改变行程行为

非因不可抗力改变旅游合同安排的行程的，最高罚款50万元；对导游人员、领队人员最高罚款5万元，情节严重的吊销旅行社业务经营许可证、导游证。

改变旅游合同安排的行程，不包括由于发生非旅行社原因的客观情况而确有必要对行程安排的次序作出调整的情形，但旅行社及其委派的导游人员和领队人员应当就发生的客观情况及行程调整的必要性，事先向旅游者作出说明。

十五、严处欺骗、胁迫购物行为

欺骗、胁迫旅游者购物或者参加需要另行付费的游览项目的，最高罚款50万元；对导游人员、领队人员最高罚款5万元，情节严重的吊销旅行社业务经营许可证、导游证。

十六、处罚不付接待服务费行为

旅行社不向地接旅行社支付接待和服务费用的；或旅行社向地接旅行社支付的费用低于接待和服务成本的；或地接旅行社接待不支付或者不足额支付接

待和服务费用的旅游团队的，停业整顿 1~3 个月；情节严重的，吊销旅行社业务经营许可证。

十七、处罚接待零负费团的行为

旅行社要求导游人员和领队人员接待不支付接待和服务费用、支付的费用低于接待和服务成本的旅游团队，或者要求导游人员和领队人员承担接待旅游团队的相关费用的，最高罚款 10 万元。

接待和服务成本，应当包括旅行社为接待旅游者而向交通、住宿、餐饮、景区等相关企业支付的费用，即旅行社向其接待服务辅助人支付的采购成本，以及在经营中的日常开支费用和向导游人员支付的报酬等，即旅行社经营成本。

十八、处罚游客受损不补救行为

旅行社违反旅游合同约定，造成旅游者合法权益受到损害，不采取必要的补救措施的，最高罚款 5 万元，情节严重的吊销旅行社业务经营许可证。

十九、处罚危及安全未处置行为

发生危及旅游者人身安全的情形，未采取必要的处置措施并及时报告的，最高罚款10 万元；对导游人员、领队人员最高罚款 2 万元，情节严重的停业整顿 1~3 个月或吊销旅行社业务经营许可证、导游证。

二十、处罚非法滞留未报告行为

入境旅游的旅游者非法滞留境内或出境旅游的旅游者非法滞留境外，旅行社未及时报告并协助提供非法滞留者信息的，最高罚款 10 万元；对导游人员、领队人员最高罚款 2 万元，情节严重的停业整顿 1~3 个月或吊销旅行社业务经营许可证、导游证。

《条例》的实施，优胜劣汰的市场法则作用将更加明显，诚信、守法经营的旅行社将是最终的受益者。

《旅行社条例》《中国公民出国旅游管理办法》部分条款修改提示

《旅行社条例》（以下简称《条例》）根据2016年2月6日《国务院关于修改部分行政法规的决定》第一次修改；根据2017年3月1日《国务院关于修改和废止部分行政法规的决定》第二次修改。

第一部分

2016年2月6日，国务院总理李克强签署第666号国务院令，公布《国务院关于修改部分行政法规的决定》，自公布之日起施行。其中，对《条例》的部分条款予以修改，修改内容涉及旅行社的业务范围、旅行社及分社的办理程序，旅游局和工商局的执法权限等。具体修改前、后条款内容，提示如下：

一、《条例》第六条

原条款：申请设立旅行社，经营国内旅游业务和入境旅游业务的，应当具备下列条件：

（一）有固定的经营场所；

（二）有必要的营业设施；

（三）有不少于30万元的注册资本。

修改后条款：申请经营国内旅游业务和入境旅游业务的，应当取得企业法人资格，并且注册资本不少于30万元。

二、《条例》第七条

原条款：申请设立旅行社，经营国内旅游业务和入境旅游业务的，应当向所在地省、自治区、直辖市旅游行政管理部门或者其委托的设区的市级旅游行政管理部门提出申请，并提交符合本条例第六条规定的相关证明文件。受理申请的旅游行政管理部门应当自受理申请之日起 20 个工作日内作出许可或者不予许可的决定。予以许可的，向申请人颁发旅行社业务经营许可证，申请人持旅行社业务经营许可证向工商行政管理部门办理设立登记；不予许可的，书面通知申请人并说明理由。

修改后条款：申请经营国内旅游业务和入境旅游业务的，应当向所在地省、自治区、直辖市旅游行政管理部门或者其委托的设区的市级旅游行政管理部门提出申请，并提交符合本条例第六条规定的相关证明文件。受理申请的旅游行政管理部门应当自受理申请之日起 20 个工作日内作出许可或者不予许可的决定。予以许可的，向申请人颁发旅行社业务经营许可证；不予许可的，书面通知申请人并说明理由。

三、《条例》第九条

原条款：申请经营出境旅游业务的，应当向国务院旅游行政主管部门或者其委托的省、自治区、直辖市旅游行政管理部门提出申请，受理申请的旅游行政管理部门应当自受理申请之日起 20 个工作日内作出许可或者不予许可的决定。予以许可的，向申请人换发旅行社业务经营许可证，旅行社应当持换发的旅行社业务经营许可证到工商行政管理部门办理变更登记；不予许可的，书面通知申请人并说明理由。

修改后条款：申请经营出境旅游业务的，应当向国务院旅游行政主管部门或者其委托的省、自治区、直辖市旅游行政管理部门提出申请，受理申请的旅游行政管理部门应当自受理申请之日起 20 个工作日内作出许可或者不予许可的决定。予以许可的，向申请人换发旅行社业务经营许可证；不予许可的，书面通知申请人并说明理由。

四、《条例》第十条

原条款：旅行社设立分社的，应当持旅行社业务经营许可证副本向分社所在地的工商行政管理部门办理设立登记，并自设立登记之日起 3 个工作日内向分社所在地的旅游行政管理部门备案。

旅行社分社的设立不受地域限制。分社的经营范围不得超出设立分社的旅行社的经营范围。

修改后条款：旅行社设立分社的，应当向分社所在地的工商行政管理部门办理设立登记，并自设立登记之日起 3 个工作日内向分社所在地的旅游行政管理部门备案。

旅行社分社的设立不受地域限制。分社的经营范围不得超出设立分社的旅行社的经营范围。

五、《条例》第二十二条

原条款：设立外商投资旅行社，由投资者向国务院旅游行政主管部门提出申请，并提交符合本条例第六条规定条件的相关证明文件。国务院旅游行政主管部门应当自受理申请之日起 30 个工作日内审查完毕。同意设立的，出具外商投资旅行社业务许可审定意见书；不同意设立的，书面通知申请人并说明理由。

申请人持外商投资旅行社业务许可审定意见书、章程，合资、合作双方签订的合同向国务院商务主管部门提出设立外商投资企业的申请。国务院商务主管部门应当依照有关法律、法规的规定，作出批准或者不予批准的决定。予以批准的，颁发外商投资企业批准证书，并通知申请人向国务院旅游行政主管部门领取旅行社业务经营许可证，申请人持旅行社业务经营许可证和外商投资企业批准证书向工商行政管理部门办理设立登记；不予批准的，书面通知申请人并说明理由。

修改后条款：外商投资企业申请经营旅行社业务，应当向所在地省、自治区、直辖市旅游行政管理部门提出申请，并提交符合本条例第六条规定条件的相关证明文件。省、自治区、直辖市旅游行政管理部门应当自受理申请之日起 30 个工作日内审查完毕。予以许可的，颁发旅行社业务经营许可证；不予许可的，书面通知申请人并说明理由。

设立外商投资旅行社，还应当遵守有关外商投资的法律、法规。

六、《条例》第四十六条

原条款：违反本条例的规定，有下列情形之一的，由旅游行政管理部门或者工商行政管理部门责令改正，没收违法所得，违法所得 10 万元以上的，并处违法所得 1 倍以上 5 倍以下的罚款；违法所得不足 10 万元或者没有违法所得的，并处 10 万元以上 50 万元以下的罚款：

（一）未取得相应的旅行社业务经营许可，经营国内旅游业务、入境旅游业务、出境旅游业务的；

（二）分社的经营范围超出设立分社的旅行社的经营范围的；

（三）旅行社服务网点从事招徕、咨询以外的活动的。

修改后条款：违反本条例的规定，有下列情形之一的，由旅游行政管理部门或者工商行政管理部门责令改正，没收违法所得，违法所得 10 万元以上的，并处违法所得 1 倍以上 5 倍以下的罚款；违法所得不足 10 万元或者没有违法所得的，并处 10 万元以上 50 万元以下的罚款：

（一）未取得相应的旅行社业务经营许可，经营国内旅游业务、入境旅游业务、出境旅游业务的；

（二）分社超出设立分社的旅行社的经营范围经营旅游业务的；

（三）旅行社服务网点从事招徕、咨询以外的旅行社业务经营活动的。

七、《条例》第四十七条

原条款：旅行社转让、出租、出借旅行社业务经营许可证的，由旅游行政管理部门责令停业整顿 1 个月至 3 个月，并没收违法所得；情节严重的，吊销旅行社业务经营许可证。受让或者租借旅行社业务经营许可证的，由旅游行政管理部门或者工商行政管理部门责令停止非法经营，没收违法所得，并处 10 万元以上 50 万元以下的罚款。

修改后条款：旅行社转让、出租、出借旅行社业务经营许可证的，由旅游行政管理部门责令停业整顿 1 个月至 3 个月，并没收违法所得；情节严重的，吊销旅行社业务经营许可证。受让或者租借旅行社业务经营许可证的，由旅游行政管理部门责令停止非法经营，没收违法所得，并处10万元以上50万元以下的罚款。

第二部分

2017年3月1日，国务院总理李克强签署第676号国务院令，公布《国务院关于修改和废止部分行政法规的决定》(以下简称《决定》)，自公布之日起施行。其中，对《中国公民出国旅游管理办法》与《条例》的部分条款予以修改，内容涉及领队证取消、领队条件等，提示如下：

《决定》第十九条：删去《中国公民出国旅游管理办法》第十条第二款。第三款修改为："领队在带团时，应当遵守本办法及国务院旅游行政部门的有关规定。"第二十九条、第三十条、第三十一条、第三十二条中的"领队证"修改为"导游证"。

《决定》第三十三条：将《条例》第三十一条修改为："旅行社为接待旅游者委派的导游人员，应当持有国家规定的导游证。

"取得出境旅游业务经营许可的旅行社为组织旅游者出境旅游委派的领队，应当取得导游证，具有相应的学历、语言能力和旅游从业经历，并与委派其从事领队业务的旅行社订立劳动合同。旅行社应当将本单位领队名单报所在地设区的市级旅游行政管理部门备案。"

同时，《条例》第五十七条原条款："违反本条例的规定，旅行社委派的导游人员和领队人员未持有国家规定的导游证或者领队证的，由旅游行政管理部门责令改正，对旅行社处2万元以上10万元以下的罚款。"修改为："违反本条例的规定，旅行社委派的导游人员未持有国家规定的导游证或者委派的领队人员不具备规定的领队条件的，由旅游行政管理部门责令改正，对旅行社处2万元以上10万元以下的罚款。"

删去第五十九条中的"或者领队证"。

删去第六十三条中的"领队证"。

《中国公民出国旅游管理办法》与《条例》部分条款修改后，旅行社应当遵照执行，尤其是取得出境旅游业务经营许可的旅行社，为组织旅游者出境旅游，应依法委派具备规定条件的领队。

《上海市旅游条例》涉及旅行社的十大要点解读

《上海市旅游条例》(以下简称《条例》)于2003年12月31日上海市第十二届人民代表大会常务委员会第九次会议通过。根据2009年10月22日上海市第十三届人民代表大会常务委员会第十四次会议《关于修改〈上海市旅游条例〉的决定》第一次修正。根据2014年12月25日上海市第十四届人民代表大会常务委员会第十七次会议《关于修改〈上海市旅游条例〉的决定》第二次修正，自2015年3月1日起施行。

《条例》第二次修正，主要做了三方面修改：一是对《条例》和《旅游法》不一致的内容，按法制统一原则进行调整，如旅游服务质量保证金的用途、旅游经营者责任保险等。二是结合本市实际，对《旅游法》等相关法律、法规的规定进行细化和落实，如规范旅游购物、导游执业、网络旅游经营等。三是创设体现上海旅游业发展特色的条款，如承运旅游的车船安全规范、邮轮旅游经营规范、旅游重点产品开发等。

为帮助旅行社从业人员学习、贯彻、执行《条例》，针对《条例》修改中细化和创设的新内容，涉及规范旅行社经营的重点，归纳解读如下。

一、《条例》对《旅游法》有关残疾人、老年人、未成年人等旅游者在旅游活动中享受便利和优惠的规定，扩大至现役军人和全日制在校学生

《条例》第四十条第一款规定了“残疾人、老年人、未成年人、军人、全日制学校学生等旅游者在旅游活动中依照法律、法规和有关规定享受便利和优惠”。

《条例》第四十条第二款规定了“旅游经营者应当向旅游者明示享受优惠的条件和其他相关信息”；该款规定体现和保障了旅游者有充分的知情权。

二、《条例》对《旅游法》有关旅游合同应当包括的内容中，双方约定的其他事项进行了细化，可以在合同中约定公共交通运营延误、取消等原因影响行程以及因不可抗力影响合同履行时如何处理

《条例》第四十七条第一款规定“旅行社组织旅游活动，应当与旅游者签订书面旅游合同。签订旅游合同，可以参照相关行政管理部门推荐的合同示范文本。旅游者与旅行社协商一致，可以在合同中约定以下事项：（一）因航空、铁路、船舶等交通运营的延误、取消等原因影响行程的处理；（二）因不可抗力影响旅游合同履行的处理；（三）需要约定的其他事项”。

根据这一款规定，旅行社与旅游者在签订《上海市境内旅游合同示范文本（2013 版）》或《上海市出境旅游合同示范文本（2013 版）》时，经双方协商一致，可以在补充条款中约定航空、铁路、船舶等交通运营延误、取消等原因影响行程以及因不可抗力影响旅游合同履行时，具体如何处理。

三、《条例》细化规定了旅行社将接待业务作出委托时，应当签订合同；组织出境旅游的应当按国家规定选择境外地接社

《条例》第四十七条第二款规定“旅行社因接待、招徕旅游者，与其他旅行社或者住宿、餐饮、交通、购物、景区（点）等企业发生业务往来的，应当签订合同，约定双方的权利义务；组织出境旅游的，应当按照国家的规定选择境外旅行社”。该款规定了旅行社将接待业务作出委托的，应当与提供接待服务的履行辅助人签订委托合同；选择的境外地接社应当符合原国家旅游局公布的具备接待资质的境外旅行社名录。

四、《条例》对《旅游法》及原国家旅游局文件有关“旅行社安排购物和另行付费项目”规定进行细化和落实，规定了具体购物场所、另行付费旅游项目经营场所应当同时面向其他社会公众开放，以及旅行社应当事先向旅游者明示具体购物场所、另行付费旅游项目的基本信息及可能存在的消费风险

《条例》第四十八条规定，对《旅游法》第三十五条规定和原国家旅游局（2013 年 12 月 16 日）发布施行的《关于严格执行旅游法第三十五条有关规定的通知》进行细化和落实。

《条例》第四十八条规定了三款内容：

一是规定了“旅行社经与旅游者协商一致或者应旅游者要求指定具体购物场所、安排另行付费旅游项目的，应当与旅游者签订书面合同，并遵守下列规范：（一）不得影响同一团队其他旅游者的行程安排；（二）不得通过指定具体购物场所和安排另行付费旅游项目获取回扣等不正当利益；（三）具体购物场所、另行付费旅游项目经营场所应当同时面向其他社会公众开放；（四）事先向旅游者明示具体购物场所、另行付费旅游项目的基本信息及可能存在的消费风险”。

根据这一款规定，购物服务或自费项目服务的需求，可以是旅游者一方主动要求的，也可以是由旅行社提议且经旅游者认可的。旅行社与旅游者就购物服务和自费项目服务的约定，既包括出发前双方签订的旅游合同补充条款，也包括在旅游途中，由于临时起意，且经和代表旅行社的导游或领队协商一致，签订的补充书面约定。上述同时面向其他社会公众开放的具体购物场所、另行付费旅游项目经营场所以及另行付费旅游项目的基本信息及可能存在的消费风险，旅行社应当事先向旅游者明示，如商家的名称、地点、商品特色、价格水平等基本信息以及消费过程中可能存在的质量问题、售后服务等风险，以保障旅游者在充分知情的前提下，作出对自己有利的选择。

二是规定了“除前款规定外，旅行社及其从业人员组织、接待旅游者，不得指定具体购物场所，不得安排另行付费旅游项目，不得以旅游者拒绝接受指定购物场所及另行付费旅游项目为由，拒绝签订旅游合同或者提高旅游团费、另行收取费用”。

三是规定了“旅游者在与旅行社书面合同约定的具体购物场所内购买商品，销售者在商品中掺杂、掺假，以假充真，以次充好，以不合格商品冒充合格商品，或者销售失效、变质的商品的，旅游者可以要求旅行社赔偿；旅行社赔偿后，有权向商品的销售者追偿”。

五、《条例》增加了本市旅行社委托其他旅行社或者接受其他旅行社的委托，代理销售包价旅游产品的规定

《条例》第四十九条规定了四项内容：

一是规定了应当“签订委托代理合同，就委托代理销售包价旅游产品事项的内容、形式、代理费及其支付、双方的权利和义务、违约责任、投诉受理机制、应急处置程序等作出约定”；

二是规定了“按照本市有关规定向其工商注册地的区、县旅游行政管理部门办理委托代理合同备案”；

三是规定了“向旅游者明示委托代理关系，并按照国家和本市有关规定向旅游者做好有关事项的提示、告知”；

四是规定了“代理社与旅游者订立包价旅游合同、收取旅游费用的，应当使用委托社的合同和印章，出具委托社的发票，并在包价旅游合同中载明委托社和代理社的基本信息”。

根据该条规定，上海市具有合法经营出境旅游业务资格的旅行社委托无经营出境旅游业务资格的旅行社代理招徕出境旅游的旅游者，应当遵守上述四项规范。

2014 年 5 月 30 日，由上海市旅游行业协会旅行社分会发出《关于进一步规范本市试行旅行社委托代理招徕出境旅游者相关事项的通知》和《旅行社委托代理招徕合同（试用范本）》（详见刊登在 2014 年第六期《上海旅游简讯》的第 6~12 页），正式启动了不同经营资质旅行社之间委托代理招徕出境旅游者试行工作。为旅行社开展此项业务时防控风险，笔者撰文做了四个方面的提示（详见刊登在 2014 年第八期《上海旅游简讯》的法律咨询栏目）。

六、《条例》更加规范了承担旅游运输的车、船安全，增加了车、船不得超载、驾驶员不得超速、超时、疲劳驾驶的规定

旅游交通安全是旅游安全的重中之重。近年来，旅游交通事故频发，一些旅行社为了降低运行成本，存在租用没有旅游运行资质或相关保险的车辆，且运营过程中对乘客缺乏管理，是造成事故的重要原因。另外，多次重大的旅游车辆安全事故调查也显示，不使用或者不正确使用座位安全带，也是导致旅游者在道路交通事故中发生死伤的重要原因之一。针对上述问题，《条例》第五十三条从四个方面对旅游车、船安全规定了四款内容：

一是规定了“旅行社需要租用客运车辆、船舶的，应当选择具有相应资质的运输企业和已投保法定强制保险的车辆、船舶”。

二是规定了“旅行社与运输企业签订的旅游运输合同，应当明确运行计划，约定运输路线、运输价格、车辆和船舶的要求以及违约责任等事项”。

三是规定了“承担旅游运输的车辆、船舶，应当配备具有相应资质的驾驶员、船员和具有行驶记录功能的卫星定位装置、座位安全带、消防、救生等安全设施设备，并保持安全设施设备正常使用。驾驶员、船员、乘务员及导游人员应当提醒乘客安全注意事项。乘客应当提高安全意识，遵守安全警示规定，按要求使用座位安全带等安全设施设备”。该款规定，明确了承担旅游运输的车辆、船舶的硬件配置要求，规定驾驶员、船员、乘务员及导游人员负有提醒乘客注意安全事项的义务，同时规定了乘客的安全义务。

四是规定了“承担旅游运输的车辆、船舶，不得超过核定载客定额载运旅客；车辆、船舶的驾驶员、船员，不得超速、超时、疲劳驾驶”；该款规定重申承担旅游运输的车辆、船舶的运营规范，以引起旅行社及从事旅游交通运输的单位和从业人员高度重视。

七、《条例》规范导游人员从业行为，对导游执业资格和日常执业管理做了细化的规定

《条例》第五十五条规定了四款内容：

一是规定了“参加导游资格考试成绩合格，方可取得导游资格证书。取得导游资格证书的人员，经与旅行社、景区（点）订立劳动合同或者在本市旅游行业组织注册，可以申请取得相应的导游证。导游人员为旅游者提供导游服务，应当遵守法律、法规和职业道德”。该款规定明确了取得导游证的条件和程序。

二是规定了“旅行社或者景区（点）临时聘用导游人员为旅游者提供服务的，应当与导游人员签订书面合同，约定工作内容以及双方的权利义务”。该款明确规定了旅行社临时聘用导游应签订书面合同，规范了当前旅行社临时聘用导游人员大都不签合同的现状。从 2015 年 3 月 1 日起，旅行社聘用与本社无劳动合同关系的、在旅游行业组织注册的社会导游为旅游者提供服务的，应当与导游人员签订书面合同。

三是规定了“导游人员有下列情形之一的，旅行社和景区（点）不得安排其为旅游者提供服务：（一）无民事行为能力或者限制民事行为能力的；

（二）患有传染性疾病的；（三）法律、法规、规章规定的其他情形”。该款规定明确了旅行社不得安排导游的情形。

四是规定了“旅游行业组织应当加强对导游人员的诚信教育，建立对导游人员服务的评价机制”。该款规定为推动导游管理体制改革，建立健全导游评价制度，逐步建立导游职级、服务质量与报酬相一致的激励机制提供了依据。

五是规定了“市旅游行政管理部门将导游人员的基本信息、奖惩记录等纳入信用档案”。该款规定强化了导游人员的诚信教育和信用约束，通过建立导游人员的职业信用档案，将其执业中的所有重要表现予以记录，从而帮助旅行社和旅游者选择更优秀的导游提供服务。

八、《条例》创设了旅行社经营邮轮旅游的经营规范、旅游者在邮轮旅游纠纷中的行为要求等重要规定

随着邮轮旅游日趋火热，规范邮轮经营和保护游客合法权益备受关注。《条例》第五十九条第一、二、三款规定了邮轮公司、旅行社为旅游者提供邮轮旅游服务应当履行的五大义务：

一是规定了“应当向旅游者提供中文文本的合同、船票和服务说明等资料”；

二是规定了“与旅游者签订合同使用格式条款的，应当按照本市有关规定报市工商行政管理部门备案”；

三是规定了“应当以显著方式提醒旅游者注意邮轮旅游的安全注意事项、风险警示、礼仪规范、民事责任与义务、免责事项、投诉电话、法律救助渠道等内容”；

四是规定了“发生邮轮延误、不能靠港、变更停靠港等情况的，邮轮公司、旅行社和邮轮码头应当及时向旅游者发布信息，告知解决方案，对旅游者进行解释、劝导”；

五是规定了“邮轮旅游纠纷应当按照有关法律规定和合同约定处理”。

《条例》第五十九条第四款规定了“旅游者在邮轮旅游活动中或者在解决纠纷时，不得影响港口、码头的正常秩序，不得损害邮轮公司、旅行社和其他旅游者的合法权益”。该款规定明确了旅游者在邮轮旅游纠纷解决中的行为规范。

九、《条例》对规范网络旅游经营做了细化规定，经营网络旅游需要标明由谁提供实际服务；提供服务方应当具有相应经营资质；网络经营旅行社业务应当取得相应的旅行社经营许可证

网络旅游，业界也称为“在线旅游”。《条例》对规范经营网络旅游提出了具体要求,《条例》第六十条规定了三款内容：

一是规定了“网络旅游经营者应当为旅游者提供真实、可靠的旅游服务信息，并按照国家和本市有关规定向旅游者提供经营地址、联系方式、安全注意事项和风险提示等信息；涉及由其他经营者实际提供服务的，应当在相关产品主页面的显著位置标明，并向旅游者提供该经营者的名称、经营地址、联系方式等信息”。

二是规定了“通过网络经营旅游交通、住宿、餐饮、游览、娱乐等单项代定业务的，应当选择具有相应经营资质的经营者作为服务提供方”。

三是规定了“通过网络经营包价旅游、代理销售包价旅游产品、委派领队或者导游、代办旅游签证（签注）等旅行社业务的，应当取得旅行社经营许可证，并在其网站主页的显著位置标明许可证信息以及经营地址、联系方式等信息。该网站应当与旅游行政管理部门联网认证”。

十、《条例》规定对违法旅行社的行政处罚信息记入信用档案，向社会公布，归集到市公共信用信息服务平台

《条例》第七十二条规定了“旅游经营者有本条例第六十六条、第六十七条、第六十八条、第六十九条、第七十条、第七十一条规定情形的，除依照法律、法规规定予以处罚外，处罚机关应当将违法旅游经营者的行政处罚信息记入信用档案，通过企业信用信息公示系统向社会公布，归集到市公共信用信息服务平台”。该款规定加大了对旅游经营者违法行为的“曝光”力度，强化了对旅游经营者的诚信教育和信用约束。

《条例》细化了上位法的原则性规定，同时增加了一些符合上海市旅游业发展现状的条款，为进一步规范旅行社经营，提升旅游服务质量，保障游客权益，促进旅游业健康发展发挥了重要作用。

部门规章

《旅行社条例实施细则》亮点及实际操作提示

《旅行社条例实施细则》(以下简称《细则》)已经于2009年4月2日原国家旅游局第4次局长办公会议审议通过，原国家旅游局第30号令公布，自2009年5月3日起施行。2001年12月27日原国家旅游局公布的《旅行社管理条例实施细则》同时废止。《细则》对《旅行社条例》(以下简称《条例》)规定的各类行为进行了细化和补充解释，其主要亮点及实际操作中的要点提示如下：

一、增加购物次数、延长购物时间等属于擅自改变行程，将受重罚

《条例》规定：旅行社及其委派的导游人员和领队人员，非因不可抗力不得改变旅游合同安排的行程，最高将被重罚50万元。《细则》对此进行了详细解释：对减少游览项目或者缩短游览时间的、增加或者变更旅游项目的、增加购物次数或者延长购物时间的以及其他擅自改变旅游合同安排的行为，均属于擅自改变旅游合同安排行程的行为。值得关注的是，《细则》除了沿用《条例》规定的不可抗力外，还作出了以下补充解释规定：在旅游行程中，当发生危及旅游者人身、财产安全，或者非旅行社责任造成的意外情形，旅行社不得不调整或者变更旅游合同约定的行程安排时，可以调整或变更行程安排，但是应当在事前向旅游者作出说明；确因客观情况无法在事前说明的，应当在事后作出说明。

针对《细则》这一关键性的补充解释，为旅行社的实际操作带来了便利。但旅行社及其委派的导游人员、领队人员在实际操作中切记：应当对发生不可抗力或危及旅游者人身、财产安全，或者发生非旅行社原因的客观情况而确有必要对行程安排的次序作出调整的情形，以及事先向旅游者作出的说明或确因客观情况而事后作出的说明，在旅游结束前及时做好取证备案工作。

二、旅行社不能要求游客必须参加其安排的购物活动、另行付费的旅游项目

《细则》规定，旅行社不能要求游客必须参加其安排的购物活动、另行付费的旅游项目，也不能对同一旅游团队的游客，因旅游者拒绝参加旅行社安排的购物活动或者需要旅游者另行付费的旅游项目或者因旅游者存在的年龄或职业上的差异，而提出与其他游客不同的合同事项。否则，将被处1万元以下的罚款。

所指的购物活动，是指专门或主要以购物为内容的活动。景区点内的购物摊点和商店，如果不是旅行社和导游专门安排，旅行社和导游也不要求旅游者必须前往购物的，不包括在内。

旅行社在实际操作中切记：对同一旅游团队的所有游客，所签订的旅游合同中的内容必须完全一致。但因旅游者存在的年龄或者职业上的差异，旅行社提供了与其他旅游者相比更多的服务或者旅游者主动要求的除外。

三、严禁向地接社或导游卖团，最高将罚10万元

曾有旅行社推出“零负团”，实际就是将团卖给地接社或导游获取稳定收益，让游客被地接社或导游“宰”。地接社或导游为此垫付出一笔不菲的资金后，为获取收入，不得不带游客去购物、自费，通过回扣拿回支付给旅行社的费用及自己的收入。

《条例》规定，对旅行社组织“零负团”，或要导游、领队承担接待旅游团的相关费用，将处以2万~10万元的罚款。《细则》进一步明确，这种方式主要包括：导游垫付旅游接待费用；为带团向旅行社支付费用（即买团）；以及其他不合理的费用。

四、严打转让、出租或者出借旅行社业务经营许可证的行为

《细则》对此做了细化规定，除旅行社设立的分社、服务网点可以为旅行社招徕旅游者并以旅行社的名义与旅游者签订旅游合同或者旅行社委托地接社接待旅游者并签订委托合同的情形外，准许或者默许其他企业、团体或者个人，以自己的名义从事旅行社业务经营活动或以部门或者个人承包、挂靠的

形式经营旅行社业务的，均属于转让、出租或者出借旅行社业务经营许可证的行为。

《细则》还规定，设立社应当与分社、服务网点的员工，订立劳动合同。

设立社应当对分社实行统一的人事、财务、招徕、接待制度规范，对服务网点实行统一管理、统一财务、统一招徕和统一咨询服务规范。

五、旅行社泄露旅游者个人信息最高罚3万元

《细则》规定，旅行社未妥善保存各类旅游合同及相关文件、资料，保存期少于两年，或者泄露旅游者个人信息，旅行社将被没收违法所得，处违法所得3倍以下但最高不超过3万元的罚款；没有违法所得的，处1万元以下的罚款。

《细则》还规定，旅行社接待游客选择的交通、住宿、餐饮、景区等企业，应当符合具有合法经营资格和接待服务能力的要求，否则最高将被罚3万元，还将被没收违法所得。

六、旅游行程中对旅游者的安全警示，仍是重中之重

《细则》规定：旅行社及其委派的导游人员、领队人员，应当对其提供的服务可能危及旅游者人身、财物安全的事项，向旅游者作出真实的说明和明确的警示。

在旅游行程中独立的自由活动期间，旅行社应尽到安全提示、救助义务。《条例》将颇具争议的自由活动及其时间和次数作为旅游合同必填项目，一旦在自由活动期间发生事故，责任难以界定。在现有的司法案例中，游客认为既然是自由活动，只要导游没有提示是不可参加的项目活动，游客都可以随意参加，一旦游客发生伤亡事故，当然是导游没有尽到安全警示义务，游客要求旅行社赔偿全部损失。而实际情况是，自由活动和团进团出的行程中安排的旅游活动不同，具有其特殊性：一是自由活动期间，游客既可以参加由旅行社推荐的自费项目，也可以由游客自己安排活动，非整个团队的集体活动，导游无法顾及每一位游客；二是自由活动期间，对旅游目的地广阔的活动区域场所和所有的活动项目，导游的安全警示义务无法全部涵盖。根据上述实际情况，《细则》第三十九条规定：“旅游行程中的自由活动时间，旅游者应当选择自己能

够控制风险的活动项目，并在自己能够控制风险的范围内活动。”以此对游客作出风险提示和行为限制。

针对《细则》这一规定，旅行社及其委派的导游人员、领队人员千万要注意，在自由活动时间内旅行社的安全保障义务并没有免除，依法应尽到安全提示、救助义务。在实际操作中切记：旅行社及其委派的导游、领队人员仍应当对其提供的服务（包括旅行社推荐的自费项目）可能危及旅游者人身、财物安全的事项，向旅游者作出真实的说明和明确的警示，并在发生事故时尽到救助义务。对在事故发生前后至旅游结束，已经尽到安全提示、救助义务，请及时做好取证备案工作。

七、明确规定了旅行社及其委派的导游人员、领队人员在经营、服务中享有的五项权利

《细则》规定，旅行社及其委派的导游人员、领队人员有权要求旅游者如实提供旅游所必需的个人信息，按时提交相关证明文件；有权要求旅游者遵守旅游合同约定的旅游行程安排，妥善保管随身物品；出现突发公共事件或者其他危急情形，以及旅行社因违反旅游合同约定采取补救措施时，有权要求旅游者配合处理防止扩大损失，以将损失降到最低；有权拒绝旅游者提出的超出旅游合同约定的不合理要求；有权制止旅游者违背旅游目的地的法律、风俗习惯的言行。

旅行社及其委派的导游人员、领队人员在实际操作中切记：凡规定的义务必须履行，并且对履行了义务要做到有据可查；但如果上述五项权利不行使，就是旅行社自己放弃权利了，等于是放弃了法律赋予旅行社及其委派的导游人员、领队人员自我保护的权利。因此，必须牢记并及时行使好上述权利，才能依法保护旅行社的合法权益。

此外，《细则》还规定，旅行社及其分社、服务网点未悬挂旅行社业务经营许可证、备案登记证明的，可以处1万元以下的罚款。

为方便旅行社的从业人员，及时掌握《细则》的关键内容及其实际操作中的要点，特此撰稿供大家学习并能从中受益。

《旅行社条例实施细则》首次修改之亮点聚焦

《国家旅游局关于修改〈旅行社条例实施细则〉和废止〈出境旅游领队人员管理办法〉的决定》于 2016 年 12 月 6 日原国家旅游局第 17 次局长办公会议审议通过，原国家旅游局第 42 号令公布，自 2016 年 12 月 12 日起生效。

为帮助旅行社学习并掌握修改后的内容，增强旅行社从业人员的法律、法规意识，笔者聚焦修改版的重点内容如下：

一、旅行社申请设立或申请出境旅游业务，先“照”后“证”

将第八条第一款修改为：申请设立旅行社，经营国内旅游业务和入境旅游业务的，应当向省、自治区、直辖市旅游行政管理部门（简称省级旅游行政管理部门，下同）提交下列文件：（一）设立申请书。内容包括申请设立的旅行社的中英文名称及英文缩写，设立地址，企业形式、出资人、出资额和出资方式，申请人、受理申请部门的全称、申请书名称和申请的时间；（二）法定代表人履历表及身份证明；（三）企业章程；（四）经营场所的证明；（五）营业设施、设备的证明或者说明；（六）市场监督管理部门出具的《企业法人营业执照》。

增加两款作为第二款、第三款：“旅游行政管理部门应当根据《条例》第六条规定的最低注册资本限额要求，通过查看企业章程、在企业信用信息公示系统查询等方式，对旅行社认缴的出资额进行审查。”“旅行社经营国内旅游业务和入境旅游业务的，《企业法人营业执照》的经营范围不得包括边境旅游业务、出境旅游业务；包括相关业务的，旅游行政管理部门应当告知申请人变更经营范围；申请人不予变更的，依法不予受理行政许可申请。”

将第十条第一款修改为：“旅行社申请出境旅游业务的，应当向国务院旅游行政主管部门提交经营旅行社业务满两年、且连续两年未因侵害旅游者合法权益受到行政机关罚款以上处罚的承诺书和经市场监督管理部门变更经营范围的《企业法人营业执照》。”

二、旅行社质保金存满1年，可选择续存或提交银行担保

将第十四条修改为：“旅行社在银行存入质量保证金的，应当设立独立账户，存期由旅行社确定，但不得少于1年。账户存期届满1个月前，旅行社应当办理续存手续或者提交银行担保。”

三、设立社可在分社所在地设立服务网点

将第二十一条第二款修改为：“设立社可以在其所在地的省、自治区、直辖市行政区划内设立服务网点；设立社在其所在地的省、自治区、直辖市行政区划外设立分社的，可以在该分社所在地设区的市的行政区划内设立服务网点。分社不得设立服务网点。”

四、领队必须具备的条件、备案信息、从业要求以及罚则

增加七条，作为第三十一条至第三十六条和第五十九条。

第三十一条　旅行社为组织旅游者出境旅游委派的领队，应当具备下列条件：

（一）取得导游证；

（二）具有大专以上学历；

（三）取得相关语言水平测试等级证书或通过外语语种导游资格考试，但为赴港澳台地区旅游委派的领队除外；

（四）具有两年以上旅行社业务经营、管理或者导游等相关从业经历；

（五）与委派其从事领队业务的取得出境旅游业务经营许可的旅行社订立劳动合同。

赴台旅游领队还应当符合《大陆居民赴台湾地区旅游管理办法》规定的要求。

第三十二条　旅行社应当将本单位领队信息及变更情况，报所在地设区的市级旅游行政管理部门备案。领队备案信息包括：身份信息、导游证号、学历、语种、语言等级（外语导游）、从业经历、所在旅行社、旅行社社会保险登记证号等。

第三十三条　领队从事领队业务，应当接受与其订立劳动合同的取得出境旅游业务许可的旅行社委派，并携带导游证、佩戴导游身份标识。

第三十四条　领队应当协助旅游者办理出入境手续，协调、监督境外地接社及从业人员履行合同，维护旅游者的合法权益。

第三十五条　不具备领队条件的，不得从事领队业务。

领队不得委托他人代为提供领队服务。

第三十六条　旅行社委派的领队，应当掌握相关旅游目的地国家（地区）语言或者英语。

第五十九条　违反本实施细则第三十五条第二款的规定，领队委托他人代为提供领队服务，由县级以上旅游行政管理部门责令改正，可以处1万元以下的罚款。

五、旅行社年报时间在次年4月15日前

修改第四十七条（修改后为第五十三条），旅行社应当按年度将下列经营和财务信息等统计资料，在次年4月15日前，报送原许可的旅游行政管理部门。

六、旅行社停业整顿期间不得招客；但已签合同须履行

删去第五十九条第一款（修改后为第六十六条），对旅行社作出停业整顿行政处罚的，旅行社在停业整顿期间，不得招徕旅游者、签订旅游合同；停业整顿期间，不影响已签订的旅游合同的履行。

《旅行社责任保险管理办法》主要内容解读

《旅行社责任保险管理办法》(以下简称《办法》)已经2010年7月29日原国家旅游局第9次局长办公会议、2010年11月8日中国保险监督管理委员会主席办公会审议通过，原国家旅游局第35号令公布，自2011年2月1日起施行。原国家旅游局于2001年5月15日发布的《旅行社投保旅行社责任保险规定》同时废止。

《办法》包括总则、投保、赔偿、监督检查、罚则、附则六章共三十二条。

与以前同类保险产品相比，《办法》对旅行社责任险的“升级”主要内容如下：

一、承保责任范围广、保障额度高

《办法》将每人赔偿限额提高到最低为20万元。目前上海市旅行社所参加的旅行社责任险统保，普遍已经超过了《办法》规定的20万元低限，因此《办法》的出台，并不会导致旅行社成本增大而涉及旅游产品费用的增加。

二、赔偿范围扩大至导游或领队人员

《办法》首次将受旅行社委派为旅游者提供服务的导游或者领队人员纳入到该险种的赔偿范围中。《办法》规定：旅行社对旅游者、导游或者领队人员应负的赔偿责任确定的，根据旅行社的请求，保险公司应当直接向受害的旅游者、导游或者领队人员赔偿保险金。旅行社怠于请求的，受害的旅游者、导游或者领队人员有权就其应获赔偿部分直接向保险公司请求赔偿保险金。

三、旅行社责任为理赔前提条件之一

值得注意的是，旅行社责任险主要保障的是因旅行社的责任而造成的损失所作出的赔偿，但对于非旅行社责任而是游客自身疾病或个人过错导致的各种损失，并不在该险种的赔偿范围内。

四、旅行社未按规定投保应行政处罚

《办法》规定由县级以上旅游行政管理部门依法对旅行社投保旅行社责任保险情况实施监督检查。如果旅行社解除保险合同但未同时订立新的保险合同，保险合同期满前未及时续保，或者人身伤亡责任限额低于规定金额的，根据《旅游法》第九十七条、第一百零三条、第一百零八条规定，由旅游主管部门责令改正，没收违法所得，并处五千元以上五万元以下罚款；违法所得五万元以上的，并处违法所得一倍以上五倍以下罚款；情节严重的，责令停业整顿或者吊销旅行社业务经营许可证；对直接负责的主管人员和其他直接责任人员，处二千元以上二万元以下罚款。受到吊销旅行社业务经营许可证处罚的旅行社的有关管理人员，自处罚之日起未逾三年的，不得从事旅行社业务。对违规的旅行社及其从业人员，旅游主管部门和有关部门应当记入信用档案，向社会公布。

《办法》为旅行社“量身订造”，充分保障了旅行社、旅游者、导游、领队的利益，有效地降低了旅行社的经营风险。

《旅游行政处罚办法》涉及旅行社的二十个重点

《旅游行政处罚办法》（以下简称《处罚办法》）已经于2013年2月27日原国家旅游局第3次局长办公会议审议通过，原国家旅游局第38号令公布，自2013年10月1日起施行。

《处罚办法》与《旅游法》同时施行，是我国《旅游法》颁布后，国家旅游局第一个配套出台的相关部门规章，共九章八十五条，为旅游法实施后的执法同步。旅行社要依法维权，必须要懂得《处罚办法》的规定。为帮助旅行社学习，现就《处罚办法》涉及旅行社的重点，归纳出以下二十个要点：

一、行政处罚结果应当向社会公开

《处罚办法》规定，实施旅游行政处罚，应当遵循合法合理、公正公开、处罚与教育相结合的原则。除涉及国家秘密、商业秘密和个人隐私外，行政处罚结果应当向社会公开。

根据该条规定，旅行社违反《旅游法》及相关旅游法规，受到旅游行政处罚的同时，还将被曝光；因此，旅行社必须要学法遵法守法，严格依法规范自己的经营行为。

二、旅游行政处罚的种类、实施主体与管辖

1. 种类

《处罚办法》第四条规定："旅游行政处罚的种类包括（一）警告；（二）罚款；（三）没收违法所得；（四）暂停或者取消出国（境）旅游业务经营资格；（五）责令停业整顿；（六）暂扣或者吊销导游证、领队证；（七）吊销旅行社业务经营许可证；（八）法律、行政法规规定的其他种类。"

2. 实施主体

《处罚办法》第八条规定："县级以上旅游主管部门应当在法定职权范围内

实施行政处罚。法律、法规授权从事旅游执法的机构，应当在法定授权范围内以自己的名义实施行政处罚，并对该行为的后果独立承担法律责任。”

3.《处罚办法》还规定了管辖权

旅游行政处罚由违法行为发生地的县级以上地方旅游主管部门管辖。境内旅游的，在查处地接社的违法行为时，发现组团社有其他违法行为的，应当将有关材料或其副本送组团社所在地县级以上地方旅游主管部门。出境旅游的，由组团社所在地县级以上地方旅游主管部门管辖。吊销旅行社业务经营许可证、导游证、领队证或者取消出国（境）旅游业务经营资格的行政处罚，由设区的市级以上旅游主管部门作出。

上海市旅行社的旅游违法行为处罚，根据《上海市文化领域相对集中行政处罚权办法》规定，早在 2005 年 1 月 1 日起，由上海市文化市场行政执法总队（简称市文化执法总队）及区县文化综合执法机构集中行使原由市和区县旅游行政管理部门行使的行政处罚权；市和区县旅游行政管理部门不再行使行政处罚权。

旅行社对市文化执法总队作出的具体行政行为不服的，可以依据《中华人民共和国行政复议法》的规定，向市人民政府申请行政复议；也可以依据《中华人民共和国行政诉讼法》的规定，直接向人民法院提起诉讼。旅行社对区县文化综合执法机构作出的具体行政行为不服的，可以依据《中华人民共和国行政复议法》的规定，向区县人民政府或者市文化执法总队申请行政复议；也可以依据《中华人民共和国行政诉讼法》的规定，直接向人民法院提起诉讼。

三、旅游违法行为的追责时效为两年

《处罚办法》第十八条规定：“违法行为轻微并及时纠正，且没有造成危害后果的，不予处罚。违法行为在 2 年内未被发现的，不再给予行政处罚，但法律另有规定的除外。”

对旅游行政处罚的适用，《处罚办法》还规定：实施处罚时，对性质相同、情节相近、危害后果基本相当、违法主体类同的违法行为，处罚种类及处罚幅度应当基本一致。同一违法行为同时违反两个以上法律、法规或者规章规定的，效力高的优先适用。法律、法规、规章规定两种以上处罚可以单独或者并处的，可以选择适用；规定应当并处的，不得选择适用。

四、旅游违法行为应当从轻或者减轻处罚的情形

《处罚办法》第十九条规定："有下列情形之一的，应当从轻或者减轻处罚：（一）主动消除或者减轻违法行为危害后果的；（二）受他人胁迫实施违法行为的；（三）配合行政机关查处违法行为有立功表现的；（四）其他依法应当从轻或者减轻处罚的情形。"

五、旅游违法行为符合立案须具备的三个条件

（一）对该行为可能作出行政处罚的；

（二）属于本部门管辖的；

（三）违法行为未过追责时效的。

符合这三个条件的，应当在 7 个工作日立案，案件情况复杂，经承办机构负责人批准，立案时间可以延长至 14 个工作日内。

在现场检查中发现旅游违法行为时，认为证据以后难以取得的，可以先行调查取证，并在 10 日内决定是否立案和补办立案手续。

六、对旅游违法行为调查、检查时执法人员有权采取三项措施

（一）进入有关场所进行检查、勘验、先行登记保存证据、录音、拍照、录像；

（二）询问当事人及有关人员，要求其说明相关事项和提供有关材料；

（三）查阅、复制经营记录和其他有关材料。

七、对旅游违法行为调查、检查时执法人员应遵守的七项规定

（一）不得少于二人；

（二）佩戴执法标志，并向当事人或者有关人员出示执法证件；

（三）全面、客观、及时、公正地调查违法事实违法情节和危害后果等情况；

（四）询问当事人时，应当告知其依法享有的权利；

（五）依法收集与案件有关的证据，不得以诱导、欺骗等违法手段获取证据；

（六）如实记录当事人、证人或者其他有关人员的陈述；

（七）除必要情况外，应当避免延误团队旅游行程。

执法人员在记录完旅行社当事人的陈述和辩解后，当事人在笔录上签名时，应当逐字逐句看清笔录内容，如笔录内容与陈述有误应及时更正，必须确认无误后签名，该笔录将成为旅游行政处罚的证据之一。

八、旅游行政处罚作出前的告知和听证的程序规定

《处罚办法》规定，在作出行政处罚决定前，应当以书面形式告知当事人作出行政处罚的事实、理由、依据和当事人依法享有的陈述、申辩权利。

《处罚办法》还规定，作出对公民为 1 万元人民币以上、对法人或者其他组织为 5 万元人民币以上罚款、没收违法所得行政处罚决定前，作出取消出国（境）旅游业务经营资格、责令停业整顿、吊销旅行社业务经营许可证、导游证或者领队证等行政处罚决定前，应当以书面形式告知当事人有申请听证的权利。

《处罚办法》第四十条规定："当事人要求听证的，应当在收到行政处罚听证告知书后 3 日内，向听证部门提出申请。"

九、旅行社等当事人在听证中有三项权利

（一）对案件事实、适用法律及有关情况进行陈述和申辩；

（二）对案件调查人员提出的证据进行质证并提出新的证据；

（三）核对听证笔录，依法查阅案卷相关证据材料。

十、在听证中对执法机构的三不得规定

《处罚办法》规定，不得因当事人申辩而加重处罚；不得向旅行社等当事人收取组织听证所需任何费用；旅游行政处罚案件举办听证的主持人、听证员、书记员不得由本案的调查人员担任。

十一、情节复杂或重大违法行为案件应集体决定

《处罚办法》规定，给予公民 3 万元以上罚款、法人或者其他组织 20 万元以上罚款，取消出国（境）旅游业务经营资格，责令停业整顿，吊销旅行社业

务经营许可证、导游证、领队证等行政处罚的，应当集体讨论决定。

十二、旅游行政处罚案件的法定审限一般为 3 个月

《处罚办法》规定，旅游行政处罚案件应当自立案之日起 3 个月内作出决定；案情复杂或者重大的，经执法机构负责人批准可以延长，但不得超过 3 个月。

十三、旅行社等当事人在案件处理中可以委托律师等代理人

《处罚办法》第五十五条规定："在案件处理过程中，当事人委托代理人的，应当提交授权委托书，载明委托人及其代理人的基本信息、委托事项及权限、代理权的起止日期、委托日期和委托人签名或者盖章。"

十四、旅游行政处罚中小额罚款或警告可适用简易程序当场处罚

《处罚办法》规定，违法事实清楚、证据确凿并有法定依据，对公民处以 50 元以下、对法人或者其他组织处以 1000 元以下罚款或者警告的旅游行政处罚，可以适用简易程序，当场作出行政处罚决定。

十五、对旅游违法行为当场处罚的执法人员应遵守的五项规定

（一）不得少于二人，并向当事人出示行政执法证件；

（二）向当事人说明违法的事实、处罚的理由和依据以及拟给予的行政处罚；

（三）询问当事人对违法事实、处罚依据是否有异议，并告知当事人有陈述、申辩的权利，听取当事人的陈述和申辩；

（四）责令当事人改正违法行为，并填写预定格式、编有号码、盖有执法机构印章的行政处罚决定书，由执法人员和当事人签名或者盖章，并将行政处罚决定书当场交付当事人；

（五）依法当场收缴罚款的，应当向当事人出具省、自治区、直辖市财政部门统一印制的罚款收据。

十六、旅游行政处罚决定书的履行期限及不履行的法律后果

《处罚办法》第六十条规定："当事人应当在行政处罚决定书确定的期限内，履行处罚决定；被处以罚款的。应当自收到行政处罚决定书之日起15日内，向指定的银行缴纳罚款。"

《处罚办法》还规定，到期不缴纳罚款的，每日按罚款数额的百分之三加处罚款，但加处罚款的数额不得超出罚款额；执法机构向其所在地有管辖权的人民法院申请强制执行。

十七、旅行社等当事人确有经济困难可申请延期或分期缴纳罚款

《处罚办法》规定，当事人确有经济困难，需要延期或者分期缴纳罚款的，应当在行政处罚决定书确定的缴纳期限届满前，向作出行政处罚决定的部门提出延期或者分期缴纳的书面申请。

批准延期、分期缴纳罚款的，最长不得超过6个月，或者最后一期缴纳时间不得晚于申请人民法院强制执行的最后期限。

十八、申请行政复议或诉讼不停止行政处罚决定执行，但下列情形除外

（一）处罚机关认为需要停止执行的；

（二）行政复议机关认为需要停止执行的；

（三）申请人申请停止执行，行政复议机关认为其要求合理决定停止执行，或者人民法院认为执行会造成难以弥补的损失，并且停止执行不损害社会性公共利益，裁定停止执行的；

（四）法律、法规规定的其他情形。

十九、旅游行政处罚决定在申请强制执行前的催告履行

《处罚办法》规定，旅游执法机构申请人民法院强制执行前，应当以书面形式催告当事人履行义务。催告书送达10日后当事人仍未履行义务的，可以申请强制执行。

二十、旅游行政处罚决定申请强制执行的有效期限

旅游执法机构申请人民法院强制执行，应当在下列期限内提出：

（一）行政处罚决定书送达后，当事人未申请行政复议或者提起行政诉讼的，在处罚决定书送达之日起 3 个月后起算的 3 个月内；

（二）复议决定书送达后当事人未提起行政诉讼的，在复议决定书送达之日起 15 日后起算的 3 个月内；

（三）人民法院对当事人提起行政诉讼作出的判决、裁定生效之日起 3 个月内。

《处罚办法》的颁布，为我国《旅游法》施行后的从严执法做好了准备。为使《处罚办法》的实施更具操作性，原国家旅游局还起草了约 50 个配套旅游执法文书，制定了旅游行政处罚裁量权指导标准，供执法时参照执行。《旅游法》和《处罚办法》施行，处罚力度之大前所未有，旅行社及其从业人员必须与时俱进，认真学习贯彻落实，依法规范执业行为。

原国家旅游局《旅游安全管理办法》涉及旅行社的要点解读

《旅游安全管理办法》（以下简称《办法》）于2016年9月7日原国家旅游局第11次局长办公会议审议通过，原国家旅游局第41号令公布，自2016年12月1日起施行。原国家旅游局1990年2月20日发布的《旅游安全管理暂行办法》同时废止。

为使旅行社合规经营、免受处罚，帮助旅行社从业人员学习《办法》，笔者将《办法》共六章45条，归纳出涉及旅行社的要点，供大家学习参考。

一、明确旅游安全的主体责任

主体责任包括：加强安全管理，建立、健全安全管理制度，关注安全风险预警和提示，妥善应对旅游突发事件。

旅游经营者应当承担旅游安全的主体责任，旅行社是旅游经营者之一，旅行社从业人员应当严格遵守本单位的安全管理制度，接受安全生产教育和培训，增强旅游突发事件防范和应急处理能力。旅行社及其从业人员应当依法履行旅游突发事件报告义务。

二、建立安全管理制度和责任体系

具体要求及罚则如下：

（一）应当对其提供的产品和服务进行风险监测和安全评估，依法履行安全风险提示义务。经营高风险旅游项目或者向老年人、未成年人、残疾人提供旅游服务的，应当根据需要采取相应的安全保护措施。

（二）应当对从业人员进行安全生产教育和培训，建立安全生产教育和培训档案，未经安全生产教育和培训合格的旅游从业人员，不得上岗作业。

（三）应当主动询问与旅游活动相关的个人健康信息，要求旅游者按照明示的安全规程，使用旅游设施和接受服务，并要求旅游者对旅游经营者采取的安全防范措施予以配合。

（四）旅行社组织和接待旅游者，应当合理安排旅游行程，向合格的供应商订购产品和服务；旅行社及其从业人员发现履行辅助人提供的服务不符合法律、法规规定或者存在安全隐患的，应当予以制止或者更换。

旅行社未制止履行辅助人的非法、不安全服务行为，或者未更换履行辅助人的，由旅游主管部门给予警告，可并处2000元以下罚款；情节严重的，处2000元以上10000元以下罚款。

（五）旅行社组织出境旅游，应当制作安全信息卡。

《游客安全信息卡》参考式样

（正面 90mm*110mm）

外出旅游，随身携带

游客安全信息卡

Tourist Information Card

（请游客自行填写并根据身体实际选择打钩，本卡篇幅有限，游客可另纸说明，并随身携带）

国家旅游局制

CNTA

姓和名 Family name and Given Name:

护照号码 Passport Number:

□□□□□□□□□□□□□□□□□□

身份证号码 ID card number:

□□□□□□□□□□□□□□□□□□

国籍 Nationality:

急救情况下联系人姓名、手机号码、备用电话号码 Emergency contact:

折叠线

（背面 90mm*110mm）

血型 Blood type：A□B□O□AB□其他______

过敏史 Allergy history:

抗生素类药物 antibiofic□磺胺类药物 sulfu□

破伤风抗毒素 tetanaus antitoxin□

麻醉用药 stupefacient□镇静安眠药 phenobarbital□

其他______

既往疾病 Formerly medical history:

恶性肿瘤 tumor□糖尿病 diabetes□

心血管病 cardiovascular disease□

高血压 high blood pressure□

癫痫 epilepsy□精神疾病 psychopathy□

其他______

可以使用的商业保险 Commercial insurance

持卡人签字：

旅行社应当将安全信息卡交由旅游者随身携带，并告知其自行填写血型、过敏药物和重大疾病等信息。

旅行社不按要求制作安全信息卡，未将安全信息卡交由旅游者，或者未告知旅游者相关信息的，由旅游主管部门给予警告，可并处2000元以下罚款；情节严重的，处2000元以上10000元以下罚款。

（六）应当依法制定旅游突发事件应急预案；旅游突发事件发生后，旅游经营者及其现场人员应当采取合理、必要的措施救助受害旅游者，控制事态发展，防止损害扩大。

（七）旅游突发事件发生后，旅游经营者的现场人员应当立即向本单位负责人报告，接报后应当于 1 小时内向发生地县级旅游主管部门、安全生产监督管理部门和负有安全生产监督管理职责的其他相关部门报告，应当同时向单位所在地县级以上地方旅游主管部门报告。

（八）旅游突发事件发生在境外的，旅游团队的领队应当立即向当地警方、中国驻当地使领馆或者政府派出机构，以及旅行社负责人报告，接报后应当于 1 小时内向单位所在地县级以上地方旅游主管部门报告。

三、建立旅游目的地风险提示制度及罚则

风险提示级别分为一级（特别严重）、二级（严重）、三级（较重）和四级（一般），分别用红色、橙色、黄色和蓝色标示。

风险提示发布后，旅行社应当根据风险级别采取下列措施：

（一）四级风险的，加强对旅游者的提示；

（二）三级风险的，采取必要的安全防范措施；

（三）二级风险的，停止组团或者带团前往风险区域；已在风险区域的，调整或者中止行程；

（四）一级风险的，停止组团或者带团前往风险区域，组织已在风险区域的旅游者撤离。

旅行社违反规定，不采取相应措施的，由旅游主管部门处 2000 元以下罚款；情节严重的，处 2000 元以上 10000 元以下罚款。

近年来，涉旅安全事故频发，旅游安全形势依然严峻，《办法》是为贯彻我国《旅游法》旅游安全一章和相关安全法律、法规而制定的细化规定，是适应旅游安全管理职责的需要，更是保障旅游者人身财产安全的需要。旅行社在新的旅游安全管理形势下，应认真学习、贯彻、执行《办法》，更好地守护安全这条旅游发展的“生命线”。

《航班正常管理规定》有关航班延误新规解读

《航班正常管理规定》（以下简称“新规”）于2016年3月24日经第6次部务会议通过，中华人民共和国交通运输部2016年第56号令公布，自2017年1月1日起施行。

新规以《中华人民共和国民用航空法》《消费者权益保护法》《民用机场管理条例》为主要依据，从航班正常保障、延误处置、旅客投诉管理、监督管理、法律责任等各个方面，进一步明确了航空公司、机场、空管等航空运行主体的责任，为维护乘客合法的权益、保障正常航空运输秩序提供了法律依据。新规广受业界和社会关注的主要有以下几方面。

一、非航空公司原因航班延误 食宿要自费

航班晚点、延误或航班被取消，以往航空公司的惯用做法是为旅客食宿买单，延误时间过长，还会进行一定补偿。但是，从2017年1月1日起正式实施的新规将改变这一惯例。

新规规定，如因天气、突发事件、空中交通管制、安检以及旅客等非承运人原因，造成航班在始发地出港延误或者取消，承运人应当协助旅客安排餐食和住宿，费用由旅客自理。

航空公司不起飞的首要目的是保证旅客的安全，避免航空安全事故。对于不可抗力导致的航班延误或者取消，国际上均明确航空公司可不担负相关费用。新规的上述规定，可以理解为最低要求，但航空公司可以自行决定高于这个要求。

二、三种情况下旅客享免费食宿服务

新规规定，旅客只在三种情况下享受免费食宿服务：

一是由于机务维护、航班调配、机组等承运人自身原因，造成航班在始发

地出港延误或者取消；

二是国内航班在经停地延误或者取消；

三是国内航班发生备降。

对于以上服务，如果承运人不能严格履行，将面临民航管理局的处罚。

新规规定，国内承运人是否对航班延误进行补偿、补偿条件、标准和方式等由航空公司自行决定。这样，旅客可以根据补偿的方案，自主决定选哪家航空公司，真正实现航空运输市场化。同时，国内承运人需要根据各自情况，制定并完善航班延误补偿标准，同时上报民航局和各地区管理局备案，并择时予以对外公布，做到透明公开。

新规要求航空公司在运输总条件中需明确是否提供航班延误补偿，还要明确航班延误或者取消后的旅客服务内容，并在购票环节明确告知消费者。

三、超过 15 分钟就算航班延误

飞机延误多久才能被认定为延误呢？新规规定："航班延误"是指航班实际到港挡轮挡时间晚于计划到港时间超过 15 分钟，"航班出港延误"是指航班实际出港撤轮挡时间晚于计划出港时间超过 15 分钟。

四、航班延误主动发声 30 分钟内须告知旅客

乘客通常是在赶到机场后才发现航班出现延误。今后，这一情况有望得到改善。

新规规定，航班延误时，承运人应当在掌握航班状态发生变化之后的 30 分钟内，通过公共信息平台、官方网站、呼叫中心、短信、电话、广播等方式，及时、准确地向旅客发布航班出港延误或者取消信息，包括航班出港延误或取消原因及航班动态。

新规要求，承运人不仅要告知延误或取消信息，还要讲清楚原因和航班动态。

新规规定，发生机上延误后，承运人应每 30 分钟向旅客通告延误原因、预计延误时间等航班动态信息。如果是由于流量控制、军事活动等原因造成机上延误的，空管部门应当每 30 分钟向承运人通告航班动态信息。

新规规定，机上延误超过 2 小时（含）的，应当为机上旅客提供饮用水和

食品；机上延误超过 3 小时（含）且无明确起飞时间的，承运人应当在不违反航空安全、安全保卫规定的情况下，安排旅客下飞机等待。

新规还要求，承运人应制定并向社会公布机上延误应急预案，预案内容应当包括机上延误时的信息通告、餐饮服务提供时间和下机的条件及限制。

五、2017 年 1 月 1 日起，旅客可申请确认航班延误取消原因

以往，不少旅客乘飞机出行遇到航班延误，却不清楚具体的原因，除了天气、管制等原因，部分航空公司若由于自身原因导致延误，并未能及时公布延误原因。新规实施后，旅客可申请确认航班延误取消原因。

2016 年 12 月 14 日，中国民用航空局制定并发布《航班延误取消原因确认工作程序》，明确旅客提出航班延误、取消原因的确认申请需满足的条件。也就是说，旅客可以申请查看航班延误取消原因。而中国民用航空局消费者事务中心安排人员负责航班延误、取消原因确认的受理工作。

旅客提出航班延误、取消原因的确认申请需满足以下条件：由旅客本人或其授权人提出，授权人须出具旅客本人授权证明；提供旅客订座或乘机凭证（包括电子凭证）；有准确的航班号、航班日期、始发地和目的地；提供有效联系方式；自客票载明乘机日期之日起一年之内提出等。

六、新规适用范围涵盖外国承运人和港澳台地区承运人

目前规范旅客投诉工作的依据是《公共航空运输服务消费者投诉管理办法》，效力级别低，适用范围无法涵盖外国承运人。同时，该规范性文件不能设定法律责任，对被投诉主体缺乏约束力。基于以上考虑，此次在新规中独立一章专设投诉管理，并将外国承运人和港澳台地区承运人共同纳入其中，严格遵守 1999 年《蒙特利尔公约》的要求，设定的义务性规范。

七、规定对旅客投诉受理、处理等工作进行了规范

旅客在旅行中遇到问题，最好在第一时间向承运人和机场求助或投诉。如果其未能满足诉求，可以向消费者事务中心投诉，寻求解决。若旅客要求出具航班延误或者取消证明的，航空公司必须出具。若消费者发生投诉，国内航空公司要在 7 日内告知消费者是否受理投诉，10 日内处理完毕，外航和港澳台

地区航空公司在20日内处理完毕，且必须具备中文受理能力。

新规建立了航班正常工作的长效机制，通过立法将治理航班延误的政策措施转化为法规规章，对有效减少航班延误，提高航班正常率，提升我国民航服务质量，维护消费者合法权益、保障航空运输秩序，意义重大。

原国家旅游局、公安部、国务院台湾事务办公室修改《大陆居民赴台湾地区旅游管理办法》部分条款提示

《大陆居民赴台湾地区旅游管理办法》（以下简称《办法》）于2006年4月16日原国家旅游局、公安部、国务院台湾事务办公室令第26号公布，自公布之日起施行。根据2011年6月20日原国家旅游局、公安部、国务院台湾事务办公室令第37号公布、自公布之日起施行的关于修改《办法》的决定，第一次修改。根据2017年4月13日原国家旅游局、公安部、国务院台湾事务办公室令第43号公布、自公布之日起施行的关于修改《办法》的决定，第二次修改，自2017年4月13日起施行。具体修改前、后条款内容，提示如下：

一、《办法》第三条

原条款：组团社由国家旅游局会同有关部门，从已批准的特许经营出境旅游业务的旅行社范围内指定，由海峡两岸旅游交流协会公布。除被指定的组团社外，任何单位和个人不得经营大陆居民赴台旅游业务。

修改后条款：组团社由国家旅游局会同有关部门，从取得出境旅游业务经营许可并提出经营赴台旅游业务申请的旅行社范围内指定，但国家另有规定的除外。组团社名单由海峡两岸旅游交流协会公布。

除被指定的组团社外，任何单位和个人不得经营大陆居民赴台旅游业务。

二、《办法》第六条

原条款：组团社在开展组织大陆居民赴台旅游业务前，须与接待社签订合同、建立合作关系。

修改后条款：组团社在开展组织大陆居民赴台旅游业务前，应当与地接社签订合同、建立合作关系。

大陆居民赴台旅游团队出发前，组团社应当向国家旅游局旅游团队管理和服务信息平台提供符合规定的赴台旅游团队信息。旅游团队信息实行一团一登记。

三、《办法》第七条

原条款：组团社须为每个团队选派领队。领队经培训、考核合格后，由地方旅游局向国家旅游局申领赴台旅游领队证。组团社须要求接待社派人全程陪同。

修改后条款：组团社应当为每个团队委派领队，并要求地接社派导游全程陪同。

赴台旅游领队应当具备法律、法规规定的领队条件，经省级旅游主管部门培训，由国家旅游局指定。

四、《办法》第十一条

原条款：赴台旅游团须凭《大陆居民赴台湾地区旅游团名单表》，从大陆对外开放口岸整团出入境。

修改后条款：大陆居民赴台旅游应当按照有关规定向公安机关出入境管理部门申请办理《大陆居民往来台湾通行证》及相应签注。

五、《办法》第十六条

原条款：违反本办法之规定的旅行社，旅游行政主管部门将根据《旅行社条例》予以处罚。对组团单位和参游人员违反国家其他有关法律、法规的，由有关部门依法予以处理。

修改后条款：违反本办法规定，未被指定经营大陆居民赴台旅游业务，或者旅行社及从业人员有违反本办法规定行为的，由旅游主管部门根据《旅游法》和《旅行社条例》等规定予以处罚。有关单位和个人违反其他法律、法规规定的，由有关部门依法予以处理。

此外，将《旅游法》作为《办法》的制定和处罚依据；根据《旅游法》规定，将“旅游行政主管部门”修改为“旅游主管部门”，“接待社”修改为“地接社”，同时，对个别条文的文字做了修改。

《大陆居民赴台湾地区旅游管理办法》部分条款修改后，旅行社应当遵照执行，尤其是取得出境旅游业务经营许可以及组织大陆居民赴台湾地区旅游经营资格的旅行社，为组织旅游者赴台旅游，旅游团队信息实行一团一登记，应依法委派经省级旅游主管部门培训，由原国家旅游局指定的赴台旅游领队。

《导游管理办法》二十要点及罚则

《导游管理办法》（以下简称《办法》）已经2017年10月16日原国家旅游局第17次局长办公会议审议通过，原国家旅游局第44号令公布，自2018年1月1日起施行。

《办法》分为总则、导游执业许可、导游执业管理、导游执业保障与激励、罚则和附则六章，共四十条。规定了导游证采用电子证件及其申请、审批、变更、撤销等程序和要求；规定了导游日常执业规范和旅行社、旅游行业组织的义务；明确了导游执业权利和保障，并在罚则部分对违反《办法》的行为规定了相应的处罚，对象涉及导游、旅行社、旅游行业组织。

为帮助大家重点学习，将《办法》要点以及相关罚则归纳如下：

一、导游执业实行许可制度

《办法》第三条规定：从事导游执业活动的人员，应当取得导游人员资格证和导游证。

【罚则】处罚依据《旅游法》第一百零二条第一款规定：违反本法规定，未取得导游证或者不具备领队条件从事导游、领队活动的，由旅游主管部门责令改正，没收违法所得，并处一千元以上一万元以下罚款，予以公告。

二、申请取得导游证的条件

根据《办法》第七条规定：取得导游人员资格证，并与旅行社订立劳动合同或者在旅游行业组织注册的人员，可以通过全国旅游监管服务信息系统向所在地旅游主管部门申请取得导游证。

【旅游行业组织】是指依照《社会团体登记管理条例》成立的导游协会，以及在旅游协会、旅行社协会等旅游行业社会团体内设立的导游分会或者导游工作部门，具体由所在地旅游主管部门确定。

三、申请时不得隐瞒有关情况或者提供虚假材料

《办法》第十条规定：申请取得导游证，申请人应当通过全国旅游监管服务信息系统填写申请信息，并提交下列申请材料：

（一）身份证的扫描件或者数码照片等电子版；

（二）未患有传染性疾病的承诺；

（三）无过失犯罪以外的犯罪记录的承诺；

（四）与经常执业地区的旅行社订立劳动合同或者在经常执业地区的旅游行业组织注册的确认信息。

【经常执业地区】是指导游连续执业或者3个月内累计执业达到30日的省级行政区域。

【罚则】依据《办法》第三十四条第一款规定：导游执业许可申请人隐瞒有关情况或者提供虚假材料申请取得导游人员资格证、导游证的，县级以上旅游主管部门不予受理或者不予许可，并给予警告；申请人在一年内不得再次申请该导游执业许可。

【罚则】依据《办法》第三十六条第二款规定：旅游行业组织、旅行社为导游证申请人申请取得导游证隐瞒有关情况或者提供虚假材料的，由县级以上旅游主管部门责令改正，并可以处5000元以下罚款。

四、不予核发导游证的四种情形

《办法》第十二条规定：具有下列情形的，不予核发导游证：

（一）无民事行为能力或者限制民事行为能力的；

（二）患有甲类、乙类以及其他可能危害旅游者人身健康安全的传染性疾病的；

（三）受过刑事处罚的，过失犯罪的除外；

（四）被吊销导游证之日起未逾3年的。

《办法》第十三条规定：导游证的有效期为3年。导游需要在导游证有效期届满后继续执业的，应当在有效期限届满前3个月内，通过全国旅游监管服务信息系统向所在地旅游主管部门提出申请，并提交本办法第十条第（二）项至第（四）项规定的材料。

五、应当撤销导游证的三种情形

《办法》第十六条规定：有下列情形之一的，所在地旅游主管部门应当撤销导游证：

（一）对不具备申请资格或者不符合法定条件的申请人核发导游证的；

（二）申请人以欺骗、贿赂等不正当手段取得导游证的；

（三）依法可以撤销导游证的其他情形。

【罚则】依据《办法》第三十四条第二款规定：导游以欺骗、贿赂等不正当手段取得导游人员资格证、导游证的，除依法撤销相关证件外，可以由所在地旅游主管部门处 1000 元以上 5000 元以下罚款；申请人在三年内不得再次申请导游执业许可。

六、应当注销导游证的六种情形

《办法》第十七条规定：有下列情形之一的，所在地旅游主管部门应当注销导游证：

（一）导游死亡的；

（二）导游证有效期届满未申请换发导游证的；

（三）导游证依法被撤销、吊销的；

（四）导游与旅行社订立的劳动合同解除、终止或者在旅游行业组织取消注册后，超过 3 个月未与其他旅行社订立劳动合同或者未在其他旅游行业组织注册的；

（五）取得导游证后出现本办法第十二条第（一）项至第（三）项情形的；

（六）依法应当注销导游证的其他情形。

导游证被注销后，导游符合法定执业条件需要继续执业的，应当依法重新申请取得导游证。

七、信息变更后应当按期报告

《办法》第十四条规定：导游与旅行社订立的劳动合同解除、终止或者在旅游行业组织取消注册的，导游及旅行社或者旅游行业组织应当自解除、终止合同或者取消注册之日起 5 个工作日内，通过全国旅游监管服务信息系统将信息变更情况报告旅游主管部门。

【罚则】依据《办法》第三十三条第（一）项规定：未按期报告信息变更情况的；由县级以上旅游主管部门责令改正，并可以处1000元以下罚款；情节严重的，可以处1000元以上5000元以下罚款。

《办法》第十五条规定：导游应当自下列情形发生之日起10个工作日内，通过全国旅游监管服务信息系统提交相应材料，申请变更导游证信息：

（一）姓名、身份证号、导游等级和语种等信息发生变化的；

（二）与旅行社订立的劳动合同解除、终止或者在旅游行业组织取消注册后，在3个月内与其他旅行社订立劳动合同或者在其他旅游行业组织注册的；

（三）经常执业地区发生变化的；

（四）其他导游身份信息发生变化的。

《办法》第十八条规定：导游的经常执业地区应当与其订立劳动合同的旅行社（含旅行社分社）或者注册的旅游行业组织所在地的省级行政区域一致。

【罚则】依据《办法》第三十三条第（二）项规定：未申请变更导游证信息的；由县级以上旅游主管部门责令改正，并可以处1000元以下罚款；情节严重的，可以处1000元以上5000元以下罚款。

八、导游不得私自承揽为旅游者服务业务

《办法》第十八条规定：导游为旅游者提供服务应当接受旅行社委派，但另有规定的除外。

【罚则】处罚依据《旅游法》第一百零二条第二款规定：导游违反本法规定，私自承揽业务的，由旅游主管部门责令改正，没收违法所得，处一千元以上一万元以下罚款，并暂扣或者吊销导游证。

九、导游执业应佩戴导游身份标识

《办法》第二十条规定：导游在执业过程中应当携带电子导游证、佩戴导游身份标识，并开启导游执业相关应用软件。

旅游者有权要求导游展示电子导游证和导游身份标识。

【导游身份标识】是指标识有导游姓名、证件号码等导游基本信息，以便于旅游者和执法人员识别身份的工作标牌。

【罚则】处罚依据《导游人员管理条例》第二十一条规定：导游人员进行导游活动时未佩戴导游证的，由旅游行政部门责令改正；拒不改正的，处500元以下的罚款。

十、导游信息变化后应当按期更换身份标识

《办法》第二十一条规定：导游身份标识中的导游信息发生变化（《办法》第十五条规定情形），导游应当自导游信息发生变化之日起10个工作日内，向所在地旅游主管部门申请更换导游身份标识。旅游主管部门应当自收到申请之日起5个工作日内予以确认更换。

【罚则】依据《办法》第三十三条第（三）项规定：未更换导游身份标识的；由县级以上旅游主管部门责令改正，并可以处1000元以下罚款；情节严重的，可以处1000元以上5000元以下罚款。

十一、导游在执业过程中应当自觉维护国家利益和民族尊严

【罚则】处罚依据《导游人员管理条例》第二十条规定："导游人员进行导游活动时，有损害国家利益和民族尊严的言行的，由旅游行政部门责令改正；情节严重的，由省、自治区、直辖市人民政府旅游行政部门吊销导游证并予以公告；对该导游人员所在的旅行社给予警告直至责令停业整顿。"

十二、导游在执业过程中不得有下列行为

《办法》第二十三条规定：导游在执业过程中不得有下列行为：

（一）安排旅游者参观或者参与涉及色情、赌博、毒品等违反我国法律法规和社会公德的项目或者活动；

【罚则】处罚依据《旅游法》第一百零一条规定："旅行社违反本法规定，安排旅游者参观或者参与违反我国法律、法规和社会公德的项目或者活动的，由旅游主管部门责令改正，没收违法所得，责令停业整顿，并处二万元以上二十万元以下罚款；情节严重的，吊销旅行社业务经营许可证；对直接负责的主管人员和其他直接责任人员，处二千元以上二万元以下罚款，并暂扣或者吊销导游证。"

（二）擅自变更旅游行程或者拒绝履行旅游合同；

【罚则】处罚依据《旅游法》第一百条规定："由旅游主管部门责令改正，处三万元以上三十万元以下罚款，并责令停业整顿；造成旅游者滞留等严重后果的，吊销旅行社业务经营许可证；对直接负责的主管人员和其他直接责任人员，处二千元以上二万元以下罚款，并暂扣或者吊销导游证。"

（三）擅自安排购物活动或者另行付费旅游项目；

（四）以隐瞒事实、提供虚假情况等方式，诱骗旅游者违背自己的真实意愿，参加购物活动或者另行付费旅游项目；

（五）以殴打、弃置、限制活动自由、恐吓、侮辱、咒骂等方式，强迫或者变相强迫旅游者参加购物活动、另行付费等消费项目；

（六）获取购物场所、另行付费旅游项目等相关经营者以回扣、佣金、人头费或者奖励费等名义给予的不正当利益；

【罚则】违反上述第（三）项至第（六）项规定的，处罚依据《旅游法》第九十八条规定："由旅游主管部门责令改正，没收违法所得，责令停业整顿，并处三万元以上三十万元以下罚款；违法所得三十万元以上的，并处违法所得一倍以上五倍以下罚款；情节严重的，吊销旅行社业务经营许可证；对直接负责的主管人员和其他直接责任人员，没收违法所得，处二千元以上二万元以下罚款，并暂扣或者吊销导游证。"

（七）推荐或者安排不合格的经营场所；

【罚则】处罚依据《旅游法》第九十七条第（二）项规定："由旅游主管部门或者有关部门责令改正，没收违法所得，并处五千元以上五万元以下罚款；违法所得五万元以上的，并处违法所得一倍以上五倍以下罚款；情节严重的，责令停业整顿或者吊销旅行社业务经营许可证；对直接负责的主管人员和其他直接责任人员，处二千元以上二万元以下罚款。"

（八）向旅游者兜售物品；

【罚则】处罚依据《导游人员管理条例》第二十三条规定："导游人员进行导游活动，向旅游者兜售物品或者购买旅游者的物品的，由旅游行政部门责令改正，处1000元以上3万元以下的罚款；有违法所得的，并处没收违法所得；情节严重的，由省、自治区、直辖市人民政府旅游行政部门吊销导游证并予以公告；对委派该导游人员的旅行社给予警告直至责令停业整顿。"

（九）向旅游者索取小费；

【罚则】处罚依据《旅游法》第一百零二条第三款的规定："导游违反本法规定，向旅游者索取小费的，由旅游主管部门责令退还，处一千元以上一万元以下罚款；情节严重的，并暂扣或者吊销导游证、领队证。"

（十）未经旅行社同意委托他人代为提供导游服务；

【罚则】处罚依据《办法》第三十五条规定：导游涂改、倒卖、出租、出借导游人员资格证、导游证，以其他形式非法转让导游执业许可，或者擅自委托他人代为提供导游服务的，由县级以上旅游主管部门责令改正，并可以处2000元以上1万元以下罚款。

（十一）法律、法规规定的其他行为。

十三、导游在旅游突发事件发生后应当立即采取必要处置措施

《办法》第二十四条规定：旅游突发事件发生后，导游应当立即采取下列必要的处置措施：

（一）向本单位负责人报告，情况紧急或者发生重大、特别重大旅游突发事件时，可以直接向发生地、旅行社所在地县级以上旅游主管部门、安全生产监督管理部门和负有安全生产监督管理职责的其他相关部门报告；

（二）救助或者协助救助受困旅游者；

（三）根据旅行社、旅游主管部门及有关机构的要求，采取调整或者中止行程、停止带团前往风险区域、撤离风险区域等避险措施。

【罚则】依据《办法》第三十三条第（四）项规定：不依照本办法第二十四条规定采取相应措施的；由县级以上旅游主管部门责令改正，并可以处1000元以下罚款；情节严重的，可以处1000元以上5000元以下罚款。

十四、旅行社应当按要求报备具备领队条件的领队信息及变更情况

《办法》第二十五条规定：具备领队条件的导游从事领队业务的，应当符合《旅行社条例实施细则》等法律、法规和规章的规定。

旅行社应当按要求将本单位具备领队条件的领队信息及变更情况，通过全国旅游监管服务信息系统报旅游主管部门备案。

【罚则】旅行社不按要求报备领队信息及变更情况，或者备案的领队不具

备领队条件的，由县级以上旅游主管部门责令改正，并可以删除全国旅游监管服务信息系统中不具备领队条件的领队信息；拒不改正的，可以处 5000 元以下罚款。

十五、导游在执业过程中的主要权利

《办法》第二十六条规定：导游在执业过程中，其人格尊严受到尊重，人身安全不受侵犯，合法权益受到保障。导游有权拒绝旅行社和旅游者的下列要求：

（一）侮辱其人格尊严的要求；

（二）违反其职业道德的要求；

（三）不符合我国民族风俗习惯的要求；

（四）可能危害其人身安全的要求；

（五）其他违反法律、法规和规章规定的要求。

旅行社等用人单位应当维护导游执业安全、提供必要的职业安全卫生条件，并为女性导游提供执业便利、实行特殊劳动保护。

《办法》第二十七条规定：旅行社有下列行为的，导游有权向劳动行政部门投诉举报、申请仲裁或者向人民法院提起诉讼：

（一）不依法与聘用的导游订立劳动合同的；

（二）不依法向聘用的导游支付劳动报酬、导游服务费用或者缴纳社会保险费用的；

（三）要求导游缴纳自身社会保险费用的；

（四）支付导游的报酬低于当地最低工资标准的。

旅行社要求导游接待以不合理低价组织的旅游团队或者承担接待旅游团队的相关费用的，导游有权向旅游主管部门投诉举报。

十六、旅行社应当与临时聘用的导游签订书面合同

《办法》第二十八条规定：旅行社应当与通过其取得导游证的导游订立不少于 1 个月期限的劳动合同，并支付基本工资、带团补贴等劳动报酬，缴纳社会保险费用。

旅行社临时聘用在旅游行业组织注册的导游为旅游者提供服务的，应当依

照旅游和劳动相关法律、法规的规定足额支付导游服务费用；旅行社临时聘用的导游与其他单位不具有劳动关系或者人事关系的，旅行社应当与其订立劳动合同。

【特别提醒】旅行社与旅游行业组织注册的临时聘用导游，不具有劳动合同有关单位与员工权利义务的，可以签订书面委托合同，约定委托的内容以及委托合同双方的权利义务。

十七、导游应当在旅游车辆“导游专座”就座

《办法》第二十九条规定：旅行社应当提供设置“导游专座”的旅游客运车辆，安排的旅游者与导游总人数不得超过旅游客运车辆核定乘员数。

导游应当在旅游车辆“导游专座”就座，避免在高速公路或者危险路段站立讲解。

十八、在导游服务星级评价中不得提供虚假材料

《办法》第三十条规定：导游服务星级评价是对导游服务水平的综合评价，星级评价指标由技能水平、学习培训经历、从业年限、奖惩情况、执业经历和社会评价等构成。导游服务星级根据星级评价指标通过全国旅游监管服务信息系统自动生成，并根据导游执业情况每年度更新一次。

【罚则】依据《办法》第三十三条第（七）项规定：导游、旅行社或者旅游行业组织在导游服务星级评价中提供虚假材料的；由县级以上旅游主管部门责令改正，并可以处 1000 元以下罚款；情节严重的，可以处 1000 元以上 5000 元以下罚款。

十九、导游应当参加政策法规、突发事件应对等内容的培训

《办法》第三十一条规定：各级旅游主管部门应当积极组织开展导游培训，培训内容应当包括政策法规、安全生产、突发事件应对和文明服务等，培训方式可以包括培训班、专题讲座和网络在线培训等，每年累计培训时间不得少于 24 小时。培训不得向参加人员收取费用。

旅游行业组织和旅行社等应当对导游进行包括安全生产、岗位技能、文明服务和文明引导等内容的岗前培训和执业培训。

导游应当参加旅游主管部门、旅游行业组织和旅行社开展的有关政策法规、安全生产、突发事件应对和文明服务内容的培训；鼓励导游积极参加其他培训，提高服务水平。

【罚则】依据《办法》第三十三条第（五）项规定：未按规定参加旅游主管部门组织的培训的；由县级以上旅游主管部门责令改正，并可以处1000元以下罚款；情节严重的，可以处1000元以上5000元以下罚款。

二十、导游违反《办法》应当纳入旅游经营服务不良信息

《办法》第三十七条规定：对导游违反本办法规定的行为，县级以上旅游主管部门应当依照旅游经营服务不良信息管理有关规定，纳入旅游经营服务不良信息管理；构成犯罪的，依法移送公安机关追究其刑事责任。

当前，我国已经迈入大众旅游时代，广大旅游者对导游服务提出更高要求，《办法》的出台恰逢其时，为进一步加强导游队伍建设，保障导游合法权益，提升导游服务质量，促进导游行业健康发展，更好满足人民美好生活需要，意义重大。

规范性文件

《旅行社服务质量赔偿标准》理解与适用

2011年4月12日，原国家旅游局办公室以旅办发〔2011〕44号文下发了《关于印发〈旅行社服务质量赔偿标准〉的通知》(以下简称《标准》)。

《标准》一经发布，即引起社会各界人士及媒体的热议，俗话说："外行看热闹，内行看门道"，外界及媒体对《标准》的评论众说纷纭；但对《标准》实施后，旅行社和旅游者对服务质量赔偿在合同中约定是否受《标准》规定的制约？等业内人士亟待获悉的专业问题，却无以作答。在此，笔者对《标准》如何理解与适用，为大家重点解读如下。

一、《标准》就其法律地位而言，非原国家旅游局颁布的部门规章，而是原国家旅游局办公室下发的规范性文件

原1997年国家旅游局《旅行社质量保证金赔偿试行标准》已于2010年11月30日经国家旅游局〔2010〕6号公告废止，今后在调解旅游纠纷时，以《标准》为调解赔偿依据。特别要倡导旅行社与旅游者以合同约定的方式，解决旅游服务质量纠纷。只有在旅游者和旅行社对旅行社服务质量赔偿没有做出合同约定时，才适用《标准》。

二、《标准》首次明确了旅行社不承担赔偿责任的免责条款

《标准》第三条规定："由于不可抗力等不可归责于旅行社的客观原因或旅游者个人原因，造成旅游者经济损失的，旅行社不承担赔偿责任。"

在实践中，由于恶劣天气、自然灾害、战争、罢工、骚乱、恐怖事件、政府行为、公共卫生事件等客观原因，造成旅游行程安排的交通服务延误、景区临时关闭、宾馆饭店临时被征用、出境管制、边境关闭、目的地入境政策临时变更、我国政府机构发布橙色及以上旅游预警信息等，均会导致旅游目的无法实现，以及旅游者个人原因，造成旅游者经济损失的，均不可归责于旅行社，

旅行社不承担赔偿责任。

三、《标准》将由于旅行社原因不能成行通知游客的期限提前较长时间，成为一大亮点

原1997年的《试行标准》规定，由于旅行社原因不能成行的，国内游应提前3天、出境游应提前7天通知游客，否则应承担违约责任并赔偿旅游者已交预付款10%的违约金；而新《标准》第四条规定：国内旅游应提前7日（不含7日）、出境旅游（含赴台游）应提前30日（不含30日）通知旅游者，否则应向旅游者全额退还预付旅游费用，并支付最高为旅游费用总额20%的违约金。

四、《标准》则规定了旅行社向旅游者承担民事责任的赔偿依据

《标准》对擅自将旅游者转团、拼团；因旅游者的年龄、职业等差异增收费用；由于旅行社原因造成旅游者耽误预定的公共交通工具；旅行社安排的旅游活动及服务档次与合同不符；导游或领队未达服务标准；擅自缩短游览时间、遗漏旅游景点、减少旅游服务项目；擅自安排合同约定以外另行付费项目；违约甩团等行为，都规定了旅行社应承担责任的赔偿标准，最高向旅游者支付其旅游费用总额30%的违约金。尤其对强迫或者变相强迫旅游者购物、擅自增加购物次数、延长停留时间等规范更严更明确。上述行为早已经被《旅行社条例》及其《实施细则》等法规、规章明令禁止，旅行社如有违反，将按照《旅行社条例》及其《实施细则》严厉处罚。

1. 擅自转团、拼团的，赔偿旅游费用总额25%违约金

有些旅行社业者为了降低交通、住宿成本，把散客与其他游客拼团，致使散客拼团的现象很突出，也因此导致投诉率升高。对此，《标准》第五条规定："旅行社未经旅游者同意，擅自将旅游者转团、拼团的，旅行社应向旅游者支付旅游费用总额25%的违约金。解除合同的，还应向未随团出行的旅游者全额退还预付旅游费用，向已随团出行的旅游者退还未实际发生的旅游费用。"

实践中，旅行社如有转团、拼团的，应事先告知旅游者，征得旅游者同意后，在《旅游合同》示范文本中约定明确。

2. 因旅游者的年龄、职业等差异增收费用的，全额返还

《标准》第六条规定："在同一旅游行程中，旅行社提供相同服务，因旅游者的年龄、职业等差异增收费用的，旅行社应返还增收的费用。"

3. 由于旅行社原因造成旅游者耽误预定的公共交通工具，支付违约金翻倍

原 1997 年的《试行标准》规定，因旅行社过错造成旅游者误机（车、船），旅行社应赔偿旅游者的直接经济损失，并赔偿经济损失 10% 的违约金。新《标准》第七条规定："因旅行社原因造成旅游者未能乘坐预定的公共交通工具的，旅行社应赔偿旅游者的直接经济损失，并支付直接经济损失 20% 的违约金。"新《标准》将延误的范围界定为公共交通工具（指飞机、火车、班轮、城际客运班车等），将违约金提高至 20%。

4. 旅行社安排旅游活动及服务档次与合同不符，退差价并支付同额违约金

原 1997 年的《试行标准》规定，旅行社安排的餐厅，因餐厅原因质价不符，旅行社赔偿餐费的 20%；旅行社安排的饭店、交通工具，因饭店、交通工具原因低于合同约定等级档次，退差额并赔偿差额 20% 违约金；旅行社安排的旅游活动及服务档次与协议合同不符，造成旅游者经济损失，应退还旅游者合同金额与实际花费的差额，并赔偿同额违约金。新《标准》第八条规定："旅行社安排的旅游活动及服务档次与合同不符，造成旅游者经济损失的，旅行社应退还旅游者合同金额与实际花费的差额，并支付同额违约金。"

按《标准》这一规定，无论是否餐厅、饭店、交通部门原因，只要旅行社安排的旅游活动及服务档次与合同不符，旅行社应退还旅游者差额，并将支付的违约金统一定为同额违约金。

5. 导游或领队未按标准服务，支付旅游费用总额 1%~5% 违约金，本赔偿标准另有规定的除外

《标准》第九条规定："导游或领队未按照国家或旅游行业对旅游者服务标准提供导游或者领队服务，影响旅游服务质量的，旅行社应向旅游者支付旅游费用总额 1%~5% 的违约金，本赔偿标准另有规定的除外。"

这一条规定，要求导游或领队必须严格按照《导游服务规范（GB/T 15971—2010）》和《旅行社出境旅游服务规范（LB/T 005—2011）》的标准履行职务，旅行社要加强导游或领队的服务质量培训，以避免因服务质量不达标准而引发赔偿。

6. 擅自变更行程的，加重赔偿并支付同额违约金。遗漏无门票景点的，按次数支付旅游费用总额5%的违约金

《标准》第十条第（一）项规定："擅自缩短游览时间、遗漏旅游景点、减少旅游服务项目的，旅行社应赔偿未完成约定旅游服务项目等合理费用，并支付同额违约金。遗漏无门票景点的，每遗漏一处旅行社向旅游者支付旅游费用总额5%的违约金。"

按《标准》这一规定，从维护旅游者利益的角度，旅行社不仅仅要按原价100%赔偿旅游者旅游门票、交通费等损失，旅游者未完成约定旅游服务项目等合理费用均应得到赔偿，并按标准向旅游者支付违约金。

7. 擅自安排合同约定以外另行付费项目的，旅行社自负该项目费用

《标准》第十条第（二）项规定："未经旅游者签字确认，擅自安排合同约定以外的用餐、娱乐、医疗保健、参观等另行付费项目的，旅行社应承担另行付费项目的费用。"

根据《标准》这一规定，旅行社如安排合同约定以外的用餐、娱乐、医疗保健、参观等另行付费项目的，应安排在自行安排活动期间，并不得影响旅游整体行程，还必须与旅游者签订书面协议，该协议必须记明经旅游者自愿协商一致同意以及费用的承担和旅行社必要的安全提示等内容，并由旅游者亲笔签名确认。

8. 擅自增加购物次数、延长停留时间，强迫或变相强迫购物，按次数支付违约金

购物是旅游不可或缺的重要环节，旅游市场的不健康现象的主要原因也是因为购物。近年来，导致投诉率上升的罪魁祸首就是旅游购物环节，因此，整治购物，提升旅游购物的服务质量是旅游行政主管部门市场监管工作的一大重点。

《标准》首次提出按违约次数赔偿的概念，《标准》第十条第（三）项规定："未经旅游者签字确认，擅自违反合同约定增加购物次数、延长停留时间的，每次向旅游者支付旅游费用总额10%的违约金。"《标准》第十条第（四）项规定："强迫或者变相强迫旅游者购物的旅行社，每次向旅游者支付旅游费用总额20%的违约金。"

《标准》特别重视旅游服务中的购物环节，对旅游购物的规范更严更加明

确，旅行社如在合同约定外增加购物次数、延长停留时间的，应安排在自行安排活动期间，不得影响旅游整体行程，还必须与旅游者签订书面协议，该协议必须记明经旅游者自愿协商一致同意等内容，并由旅游者亲笔签名确认。

9. 指定购物点买到假货由旅行社负责；私自兜售商品由旅行社全额退款

《标准》第十条第（五）项规定："旅游者在合同约定的购物场所所购物品系假冒伪劣商品的，旅行社应负责挽回或赔偿旅游者的直接经济损失。"《标准》第十条第（六）项规定："私自兜售商品，旅行社应全额退还旅游者购物价款。"

根据该条规定：旅行社可以在《旅游合同》示范文本附加条款中，与旅游者约定，旅行社负责挽回或者赔偿旅游者的直接经济损失，具体的方式、流程、期限等。

10. 违约中止对旅游者服务的，负担旅游者在此期间所订的同等级别住宿、用餐、交通等必要费用，并支付旅游费用总额 30% 违约金

《标准》第十一条规定："旅行社违反合同约定，中止对旅游者提供住宿、用餐、交通等旅游服务的，应当负担旅游者在被中止旅游服务期间所订的同等级别的住宿、用餐、交通等必要费用，并向旅游者支付旅游费用总额 30% 的违约金。"

《标准》这一规定，在明确旅行社违约赔偿标准的同时，规范了旅游者必须理性维权，旅行社违约后，旅游者没有采取适当措施致使损失扩大的，不得就超出同等级别的住宿、用餐、交通等费用的损失要求赔偿。

上述 1~10 中被《旅行社条例》及其《实施细则》等法规、规章明令禁止的行为，旅行社在《旅游合同》示范文本附加条款中，不得通过格式条款预先设定与旅游者的约定条款，取消或降低《标准》规定应由旅行社负担、退还、返还的费用和支付的违约金金额；因为根据我国相关法律规定，减轻、免除经营者损害消费者合法权益应当承担民事责任的格式条款，其内容无效。

《标准》对规范与提高旅游市场服务质量，将产生积极的作用，希望旅行社及其旅游从业人员认真学习，学以致用，以《标准》实施为契机，通过规范服务不断提升服务质量，在市场竞争中成为最终的赢家。

原国家旅游局《关于打击组织“不合理低价游”的意见》和《关于打击旅游活动中欺骗、强制购物行为的意见》解读

2015年9月30日，原国家旅游局发布旅发〔2015〕217号《关于打击旅游活动中欺骗、强制购物行为的意见》和旅发〔2015〕218号《关于打击组织“不合理低价游”的意见》，对“不合理低价”“欺骗、强制旅游购物”行为进行了准确认定，对上述两种违法行为的处罚处理标准进行了详细说明，对打击上述两种违法行为提出了明确工作要求，为各级旅游执法部门依法行使职权提供了依据和准绳。主要内容如下：

一、明确认定欺诈、强制购物的八条标准

有以下行为之一，可被认定为“欺骗、强制旅游购物”：

一是旅行社未经旅游者书面同意，安排购物的；

二是旅行社、导游领队对旅游者进行人身威胁、恐吓等行为强迫旅游者购物的；

三是旅行社、导游领队安排的购物场所属于非法营业或者未向社会公众开放的；

四是旅行社、导游领队安排的购物场所销售商品掺杂、掺假，以假充真、以次充好，以不合格产品冒充合格产品的；

五是旅行社、导游领队明知或者应知安排的购物场所的经营者有严重损害旅游者权益记录的；

六是旅行社、导游领队收取购物场所经营者回扣等不正当利益的；

七是购物场所经营者存在《消费者权益保护法》第五十六条规定情形的；

八是法律、法规规定的旅行社、导游领队及购物场所经营者通过安排购物损害旅游者合法权益的其他行为。

二、提供“欺骗、强制旅游购物”的旅行社及其相关责任人、导游、领队、购物场所及其经营者都将处罚处理

（一）对旅行社的处罚处理：一是没收违法所得，责令停业整顿三个月，情节严重的，吊销旅行社业务经营许可证；二是处三十万元罚款，违法所得三十万元以上的，处违法所得五倍罚款；三是列入旅游经营服务不良信息，并转入旅游经营服务信用档案，向社会公布。

（二）对旅行社相关责任人的处罚处理：一是对直接负责主管人员和其他直接责任人员，没收违法所得，处二万元罚款；二是被吊销旅行社业务经营许可证的旅行社法人代表和主要管理人员，自处罚之日起未逾三年的，不得从事旅行社业务；三是列入旅游经营服务不良信息，并转入旅游经营服务信用档案，向社会予以公布。

（三）对导游、领队的处罚处理：一是没收违法所得，处二万元罚款，并吊销导游证、领队证；二是被吊销导游证、领队证的导游、领队，自处罚之日起未逾三年的，不得重新申请导游证、领队证；三是列入旅游经营服务不良信息，并转入旅游经营服务信用档案，向社会予以公布。

（四）对购物场所及其经营者的处理：一是列入旅游经营服务不良信息，并转入旅游经营服务信用档案，向社会予以公布；二是要求旅行社及其从业人员不得带旅游者进入被列入旅游经营服务信用档案名单的购物场所；三是依法移送公安、工商等相关部门。

三、明确五种“不合理低价”的认定标准

所谓“不合理低价”，是指背离价值规律，低于经营成本，以不实价格招徕游客，以不实宣传诱导消费，以不正当竞争扰乱市场。有以下行为之一，可被认定为“不合理低价”：

一是旅行社的旅游产品价格低于当地旅游部门或旅游行业协会公布的诚信旅游指导价 30% 以上的；

二是组团社将业务委托给地接社履行，不向地接社支付费用或者支付的费

用低于接待和服务成本的；

三是地接社接待不支付接待和服务费用或者支付的费用低于接待和服务成本的旅游团队的；

四是旅行社安排导游领队为团队旅游提供服务，要求导游领队垫付或者向导游领队收取费用的；

五是法律、法规规定的旅行社损害旅游者合法权益的其他“不合理低价”行为。

四、提供“不合理低价”旅行社及其相关责任人都将处罚处理

（一）对旅行社的处罚处理：一是没收违法所得，责令停业整顿三个月，情节严重的，吊销旅行社业务经营许可证；二是处三十万元罚款，违法所得三十万元以上的，处违法所得五倍罚款；三是列入旅游经营服务不良信息，并转入旅游经营服务信用档案，向社会予以公布。

（二）对旅行社相关责任人的处罚处理：一是对直接负责主管人员和其他直接责任人员，没收违法所得，处二万元罚款；二是被吊销旅行社业务经营许可证的旅行社法人代表和主要管理人员，自处罚之日起未逾三年的，不得从事旅行社业务；三是列入旅游经营服务不良信息，并转入旅游经营服务信用档案，向社会予以公布。

旅行社应积极转变发展方式，诚信经营、提升品质，坚决抵制并禁止“欺骗、强制旅游购物”和组织“不合理低价游”的行为。

原国家旅游局发文规范出境游保证金重要提示

2015 年 12 月 23 日，原国家旅游局发布旅发〔2015〕281 号《国家旅游局关于规范出境游保证金有关事宜的通知》（以下简称《通知》）。

旅行社收取出境旅游保证金的情况较为普遍，且在收取、管理、退还等环节均存在较多问题；但法律、法规、规章对于出境游保证金的收取等均无明文规定，亦无相应行业管理规范对此进行规制。个别旅行社存在将收取的出境游保证金存储在工作人员个人账户等不规范操作，迟延归还甚至挪用、侵占出境游保证金的现象屡有发生，对旅游者资金安全和旅游市场正常秩序均造成了一定隐患。为此，《通知》首次规范出境游保证金，从以下四个方面作出重要工作提示：

一、采取银行资金托管方式

如收取出境游保证金的，均应采取银行参与的资金托管方式，不得以现金或现金转账方式直接收取或者存入旅行社及其工作人员提供的个人账号。

二、立即开展自查清理整改

立即开展对出境游保证金收取情况的自查清理，存在以上问题的，要立即进行整改。

三、签订保证金三方托管协议

签订由旅行社、旅游者、银行参与的出境游保证金三方托管协议，明确各方权利义务，明确资金冻结的期限，资金解冻的条件、流程，以及划扣保证金的条件、期限、文本格式、账户信息等主要事项。

四、引导旅游者杜绝财务安全隐患

出境社要引导旅游者主动选择银行托管方式缴纳出境游保证金，保障资金安全；要强化风险防范意识，加强内部管理，杜绝财务安全隐患。

原国家旅游局发文规范导游专座重要提示

2016年4月11日，原国家旅游局与交通运输部联合发布旅发〔2016〕51号《关于进一步规范导游专座等有关事宜的通知》（以下简称《通知》）。

近年来，因旅游大巴导游座位设置不当而造成导游人员伤亡的事件频发，导游是我国旅游从业人员队伍的重要组成部分，为保障导游安全执业，原国家旅游局与交通运输部就设置导游专座事宜，积极沟通协调，联合发布《通知》，引起业内外广泛关注，要点如下：

一、明确旅游客运车辆需设置“导游专座”以及固定位置

“导游专座”应设置在旅游客运车辆前乘客门侧第一排乘客座椅靠通道侧位置；旅游客运企业在旅游服务过程中，应配备印有“导游专座”字样的座套；旅行社制订团队旅游计划时，应根据车辆座位数和团队人数，统筹考虑，游客与导游总人数不得超过车辆核定乘员数。

二、强调旅游客运车辆需确保车内逃生通道顺畅

自2016年8月1日起，新进入道路运输市场的营运客车不得在车厢内任何位置设置折叠座椅，在用营运客车的折叠座椅不得使用。

各级交通运输部门在开展客车等级评定时，不再对客车折叠座椅进行核定。车内通道不得堆放行李和其他障碍物，逃生装置要定期维护、标识清晰，确保正常使用。

三、要求旅行社及旅游客运企业需加强导游和司机的安全教育

旅行社应要求导游熟悉旅游行程计划，在车辆启动之前与司机充分沟通行车路线、停靠站点等，避免在行车过程中影响司机正常驾驶；导游应自觉系好安全带，避免站立讲解，并配合司机督促游客系好安全带。旅游客运企业应督

促司机严格遵守道路交通安全和道路运输管理法律、法规，不超员、不超速，安全文明驾驶，行车之前播放《游客安全乘车温馨提示》宣传片，提醒游客阅读安全须知，提高安全意识。

鼓励导游和广大游客对不按规定设置导游专座等不安全行为进行举报。

四、要求旅游主管及交通运输部门履行监督检查职责

应按照通知要求，立即督促旅行社及旅游客运企业开展自查自纠，并加强对旅游客运车辆“导游专座”设置及安全运营情况的监督检查，对于未落实通知要求的旅行社和旅游客运企业，要限期整改；逾期未予整改的旅行社，旅游客运企业可以拒绝为其提供服务；逾期未予整改的旅游客运企业，旅行社不得租用其旅游客运车辆。

国家民航局发文规范机票退改签要点提示

2018 年 7 月 16 日，中国民用航空局发布局发明电〔2018〕1952 号《关于改进民航票务服务工作的通知》（以下简称《通知》）。

此前，民航票务服务一直是旅客投诉的焦点问题之一，尤其是机票退票、改期和签转（以下简称退改签）服务中存在的一些“乱象”，退改签费用过高等问题，引发社会广泛关注。

《通知》对航空公司、OTA 平台（在线旅行社平台）和销售代理企业等在规范制度、改进服务方面提出具体要求，从六个方面完善航空公司退改签收费制度规范并改进服务，聚焦要点如下：

一、明确告知旅客退改签收费标准

航空公司要严格执行明码标价规定，在官网、APP 等渠道的显著位置上及时、准确、全面地公布实际执行的国内航线旅客运价种类、水平及包括退改签收费标准在内的适用条件，在旅客购买机票过程中，要清楚告知旅客退改签收费标准等条件。

二、不能规定特价机票一律不得退改签

航空公司要合理确定客票退改签收费标准，退票费不得高于客票的实际销售价格，要制定机票退改签收费“阶梯费率”，不能简单规定特价机票一律不得退改签。

三、确保全渠道退改签收费标准一致

航空公司要统一规范直销和分销渠道的退改签制度，确保全渠道（含直销、分销渠道）退改签收费标准一致，要加强对有委托授权关系的 OTA 平台、销售代理企业的管理，对违反收费标准的进行严格处罚。

四、要求退改签优化制度、简化手续

航空公司要优化退改签制度、简化退改签手续、缩短退票还款时间，加强新技术推广应用，通过移动互联网技术为旅客退改签机票提供“一站式”解决方案，要具备为旅客提供客票退改签收费标准的验真查询服务功能。

五、错购票免费退，因病退票免退票费

航空公司为旅客错购机票提供补救措施，把握合理且包容原则，对于航空公司无法证明旅客非错购情形的，均应视为错购，并提供免费退票等服务，对于旅客因病无法乘机并要求退票的，应按相关规定办理退票手续，并不得收取退票费。

六、严禁 OTA 平台在退改签标准外增加收费

《通知》明确 OTA 平台、销售代理企业也是客票销售及退改签服务的主要责任主体。针对公众普遍反映的该类主体增加退改签费用这一问题，《通知》要求该类主体要严格执行航空公司退改签收费标准，不得擅自更改航空公司的退改签收费标准，严禁在退改签收费标准之外向旅客加收额外费用；在旅客购票过程中，该类主体要清楚告知旅客退改签收费标准等条件；OTA 平台应加强对平台机票销售的管理，督促、监督平台上的机票供应商严格执行航空公司的退改签收费标准，对违规操作的销售代理企业坚决予以清退，严禁为未经航空公司授权的销售代理企业提供客票销售渠道，严防为“爬虫”抢占机票提供转卖渠道。民航局要求中航协要加强行业自律和监管，行业主管部门要加强对退改签收费监管，对违反退改签收费标准的 OTA 平台、销售代理企业要依规进行严肃处理，对航空公司及其销售代理企业的不合规行为要及时通报相关价格主管部门依法查处。

《通知》的实施，对减少旅客投诉提升满意度，对规范在线旅行社平台和销售代理企业等票务服务工作，逐步纳入法制化轨道，意义重大。

行业标准

《旅行社服务网点服务要求》要点解读

2014年6月11日，原国家旅游局发布了第19号公告，《旅行社服务网点服务要求》（LB/T 029—2014）等旅游业行业标准已经原国家旅游局批准，于2014年7月1日起实施。

《旅行社服务网点服务要求》对设施设备与环境要求、服务要求、人员要求、安全管理、投诉处理等做出了明确规定，要点如下。

一、环境要求

不应在办公区域内的公共部分堆放杂物及个人物品；应将《旅行社服务网点备案登记证明》与营业执照一起，公示在经营场所的显要位置；应在显要位置公布咨询电话和投诉电话。

二、服务要求

对接听电话、咨询洽谈、签订合同、收取费用、结束道别、文件处理、手续交接、旅游合同变更与中止、出团通知与行前说明会、退款与归还证照原件、顾客回访等环节进行了明确规定。如旅游合同变更与中止环节规定，如由于旅行社原因产品内容发生变更，或者团队取消，服务网点服务人员应及时通知顾客。如顾客对产品内容有异议，应及时转达顾客诉求并协调解决。如由于顾客自身原因退团或转团，接待人员应按旅游合同约定办理退转团手续。如发生退转团费用损失，接待人员应告知顾客，并得到认可后，为其办理退转团手续。

三、人员要求

包括基本要求、仪容仪表、服务态度、服务技能等内容。其中基本要求是：必须按照劳动法与员工签订劳动合同；以适当的方式明示服务网点责任人，并在按照流程规范开展工作，在工作程序上保持一致性。

四、安全管理

要求旅行社服务网点应建立和完善各类安全管理制度和培训制度，根据相关规定设置安全设施。

五、投诉处理

要求旅行社服务网点应制定服务网点的投诉处理制度，针对服务网点服务质量的投诉，宜现场调解，进行记录；应在对顾客进行安抚后及时上报旅行社的质量监督部门，并协助完成相关工作。应对投诉意见进行总结，对服务不断改进。

《旅行社服务网点服务要求》的实施，使旅行社对服务网点设置、管理与服务有了统一的执行标准。

《导游领队引导文明旅游规范》要点解读

2015年4月2日，原国家旅游局发布公告，《导游领队引导文明旅游规范》（LB/T 039—2015）（以下简称《规范》）经国家旅游局批准，于2015年5月1日起实施。

近年来，旅游者在境内外出行时因出现不文明行为屡被曝光，造成了不良影响。如果导游、领队能发挥好正面引导和督促提醒的作用，将会在很大程度上帮助旅游者减少或杜绝旅游不文明行为的发生。因此，导游、领队当仁不让应当成为引领游客文明旅游的宣传员、引导员和监督员。《规范》包括适用范围、规范性引用文件、术语和定义、总体要求、具体规范、特殊/突发情况处理、总结反馈七个部分。为旅行社更好地理解与执行《规范》，要点解读如下：

一、《规范》明确了适用范围

本规范适用于旅行社组织、接待的旅游（团）者，包括中国公民境内旅游、出境旅游，以及境外国家或地区到中国境内旅游的旅游（团）者。

二、《规范》明确了导游领队引导文明旅游的六项基本要求

1. 要求导游领队一岗双职

导游领队人员应兼具为旅游者提供服务与引导旅游者文明旅游两项职责。导游领队人员在引导旅游者文明旅游过程中应体现服务态度、坚持服务原则，在服务旅游者过程中应包含引导旅游者文明旅游的内容。

2. 要求导游领队应掌握文明旅游知识和技能

（1）应掌握我国旅游法律、法规、政策以及有关规范性文件关于文明旅游的规定和要求。

（2）应掌握基本的文明礼仪知识和规范。

（3）应熟悉旅游目的地法律规范、宗教信仰、风俗禁忌、礼仪知识、社会

公德等基本情况。

（4）应掌握必要的紧急情况处理技能。

3. 要求导游领队应在工作期间起到率先垂范作用

（1）应以身作则，遵纪守法，恪守职责，体现良好的职业素养和职业道德，为旅游者树立榜样。

（2）应注重仪容仪表、衣着得体，展现导游领队职业群体的良好形象。

（3）应言行规范，举止文明，为旅游者做出良好示范。

4. 要求导游领队在工作中应做到合理引导、正确沟通

（1）对旅游者文明旅游的引导应诚恳、得体。

（2）应有维护文明旅游的主动性和自觉性，关注旅游者的言行举止，在适当时机对旅游者进行相应提醒、警示、劝告。

（3）应积极主动营造轻松和谐的旅游氛围，引导旅游者友善共处、互帮互助，引导旅游者相互督促、友善提醒。

（4）在引导时，导游领队人员应注意与旅游者充分沟通，秉持真诚友善原则，增强与旅游者之间的互信，增强引导效果。

（5）对旅游者的正确批评和合理意见，导游领队人员应认真听取，虚心接受。

5. 要求导游领队应针对不同旅游者进行分类引导

在带团工作前，导游领队人员应熟悉团队成员、旅游产品、旅游目的地的基本情况，为恰当引导旅游者做好准备。

（1）对未成年人较多的团队，应侧重对家长的引导，并需特别关注未成年人特点，避免损坏公物、喧哗吵闹等不文明现象发生。

（2）对无出境记录旅游者，应特别提醒旅游目的地风俗禁忌和礼仪习惯，以及出入海关、边防（移民局）的注意事项，提前告知和提醒。

（3）旅游者生活环境与旅游目的地环境差异较大时，导游领队应提醒旅游者注意相关习惯、理念差异，避免言行举止不合时宜而导致的不文明现象。

6. 要求导游领队应针对不文明行为及时做出处理

（1）对于旅游者因无心之过而与旅游目的地风俗禁忌、礼仪规范不协调的行为，应及时提醒和劝阻，必要时协助旅游者赔礼道歉。

（2）对于从事违法或违反社会公德活动的旅游者，或从事严重影响其他旅

游者权益的活动，不听劝阻、不能制止的，根据旅行社的指示，导游领队可代表旅行社与其解除旅游合同。

（3）对于从事违法活动的旅游者，不听劝阻、无法制止，后果严重的，导游领队人员应主动向相关执法、管理机关报告，寻求帮助，依法处理。

三、《规范》明确了导游领队引导文明旅游的五项主要内容

1. 向旅游者提示和说明文明旅游的有关法律、法规

导游领队人员应将我国和旅游目的地国家和地区文明旅游的有关法律规范和相关要求向旅游者进行提示和说明，避免旅游者出现触犯法律的不文明行为。引导旅游者爱护公物、文物，遵守交通规则，尊重他人权益。

2. 提醒旅游者尊重旅游目的地风俗禁忌

导游领队人员应主动提醒旅游者尊重当地风俗习惯、宗教禁忌。在有支付小费习惯的国家和地区，应引导旅游者以礼貌的方式主动向服务人员支付小费。

3. 向旅游者倡导和说明绿色出游环保事宜

导游领队人员应向旅游者倡导绿色出游、节能环保，宜将具体环保常识和方法向旅游者进行说明。引导旅游者爱护旅游目的地自然环境，保持旅游场所的环境卫生。

4. 提醒旅游者注意礼仪规范

导游领队人员应提醒旅游者注意基本的礼仪规范：仪容整洁，遵序守时，言行得体。提醒旅游者不在公共场合大声喧哗、违规抽烟，提醒旅游者依序排队、不拥挤争抢。

5. 应引导旅游者诚信善意以提升文明素养

导游领队人员应引导旅游者在旅游过程中保持良好心态，尊重他人、遵守规则、恪守契约、包容礼让，展现良好形象。通过旅游提升文明素养。

四、《规范》明确了导游领队在引导文明旅游的吃、住、行、游、购、娱等九个环节中的说明内容具体规范

1. 出行前

（1）导游领队应在出行前将旅游文明需要注意的事项以适当方式告知旅

游者。

（2）导游领队参加行前说明会的，宜在行前说明会上，向旅游者讲解《中国公民国内旅游文明行为公约》或《中国公民出境旅游文明行为指南》，提示基本的文明旅游规范，并将旅游目的地的法律法规、宗教信仰、风俗禁忌、礼仪规范等内容系统、详细告知旅游者，使旅游者在出行前具备相应知识，为文明旅游做好准备。

（3）不便于召集行前说明会或导游领队不参加行前说明会的，导游领队宜向旅游者发送电子邮件、传真或通过电话沟通等方式，将文明旅游的相关注意事项和规范要求进行说明和告知。

（4）在旅游出发地机场、车站等集合地点，导游领队应将文明旅游事项向旅游者进行重申。

（5）如旅游产品具有特殊安排，如乘坐的廉价航班上不提供餐饮、入住酒店不提供一次性洗漱用品的，导游领队应向旅游者事先告知和提醒。

2. 登机（车、船）与出入口岸

（1）导游领队应提醒旅游者提前办理检票、安检、托运行李等手续，不携带违禁物品。

（2）导游领队应组织旅游者依序候机（车、船），并优先安排老人、未成年人、孕妇、残障人士。

（3）导游领队应提醒旅游者不抢座、不占位，主动将上下交通工具方便的座位让给老人、孕妇、残障人士和带婴幼儿的旅游者。

（4）导游领队应引导旅游者主动配合机场、车站、港口以及安检、边防（移民局）、海关的检查和指挥。与相关工作人员友好沟通，避免产生冲突，携带需要申报的物品，应主动申报。

3. 乘坐公共交通工具

（1）导游领队宜利用乘坐交通工具的时间，将文明旅游的规范要求向旅游者进行说明和提醒。

（2）导游领队应提醒旅游者遵守和配合乘务人员指示，保障交通工具安全有序运行：如乘机时应按照要求使用移动电话等电子设备。

（3）导游领队应提醒旅游者乘坐交通工具的安全规范和基本礼仪，遵守秩序，尊重他人：如乘机（车、船）时不长时间占用通道或卫生间，不强行更换座位，不强行开启安全舱门。避免不文雅的举止，不无限制索要免费餐饮等。

（4）导游领队应提醒旅游者保持交通工具内的环境卫生，不乱扔乱放废弃物。

4. 住宿

（1）导游领队应提醒旅游者尊重服务人员，服务人员问好时要友善回应。

（2）导游领队应指引旅游者爱护和正确使用住宿场所设施设备，注意维护客房和公用空间的整洁卫生，提醒旅游者不在酒店禁烟区域抽烟。

（3）导游领队应引导旅游者减少一次性物品的使用，减少环境污染，节水节电。

（4）导游领队应提醒旅游者在客房区域举止文明，如在走廊等公共区域衣着得体，出入房间应轻关房门，不吵闹喧哗，宜调小电视音量，以免打扰其他客人休息。

（5）导游领队应提醒旅游者在客房内消费的，应在离店前主动声明并付费。

5. 餐饮

（1）导游领队应提醒旅游者注意用餐礼仪，有序就餐，避免高声喧哗干扰他人。

（2）导游领队应引导旅游者就餐时适量点用，避免浪费。

（3）导游领队应提醒旅游者自助餐区域的食物、饮料不能带离就餐区。

（4）集体就餐时，导游领队应提醒旅游者正确使用公共餐具。

（5）旅游者如需在就餐时抽烟，导游领队应指示旅游者到指定抽烟区域就座，如就餐区禁烟的，应遵守相关规则。

（6）就餐环境对服装有特殊要求的，导游领队应事先告知旅游者，以便旅游者准备。

（7）在公共交通工具或博物馆、展览馆、音乐厅等场所，应遵守相关规则，勿违规饮食。

6. 游览

（1）导游领队宜将文明旅游的内容融合在讲解词中，进行提醒和告知。

（2）导游领队应提醒旅游者遵守游览场所规则，依序文明游览。

（3）在自然环境中游览时，导游领队应提示旅游者爱护环境、不攀折花草、不惊吓伤害动物，不进入未开放区域。

（4）观赏人文景观时，导游领队应提示旅游者爱护公物、保护文物，不攀登骑跨或胡写乱划。

（5）在参观博物馆、教堂等室内场所时，导游领队应提示旅游者保持安静，根据场馆要求规范使用摄影摄像设备。不随意触摸展品。

（6）游览区域对旅游者着装有要求的（如教堂、寺庙、博物馆、皇宫等），导游领队应提前一天向旅游者说明，提醒准备。

（7）导游领队应提醒旅游者摄影摄像时先后有序，不妨碍他人。如需拍摄他人肖像或与他人合影，应征得同意。

7. 娱乐

（1）导游领队应组织旅游者安全、有序、文明、理性参与娱乐活动。

（2）导游领队应提示旅游者观赏演艺、比赛类活动时遵守秩序：如按时入场、有序出入。中途入场或离席以及鼓掌喝彩应合乎时宜。根据要求使用摄像摄影设备，慎用闪光灯。

（3）导游领队应提示旅游者观看体育比赛时，尊重参赛选手和裁判，遵守赛场秩序。

（4）旅游者参加涉水娱乐活动的，导游领队应事先提示旅游者听从工作人员指挥，注意安全，爱护环境。

（5）导游领队应提示旅游者在参加和其他旅游者、工作人员互动活动时，文明参与、大方得体，并在活动结束后对工作人员表示感谢，礼貌话别。

8. 购物

（1）导游领队应提醒旅游者理性、诚信消费，适度议价，善意待人，遵守契约。

（2）导游领队应提醒旅游者遵守购物场所规范，保持购物场所秩序，不哄抢喧哗，试吃试用商品应征得同意，不随意占用购物场所非公共区域的休息座椅。

（3）导游领队应提醒旅游者尊重购物场所购物数量限制。

（4）在购物活动前，导游领队应提醒旅游者购物活动结束时间和购物结束后的集合地点，避免旅游者迟到、拖延而引发的不文明现象发生。

9. 如厕

（1）在旅游过程中，导游领队应提示旅游者正确使用卫生设施；在如厕习惯特别的国家或地区，或卫生设施操作复杂的，导游领队应向旅游者进行相应说明。

（2）导游领队应提示旅游者维护卫生设施清洁、适度取用公共卫生用品，并遵照相关提示和说明不在卫生间抽烟或随意丢弃废弃物、不随意占用残障人士专用设施。

（3）在乘坐长途汽车前，导游领队应提示旅游者行车时间，提醒旅游者提前上卫生间。在长途行车过程中，导游领队应与司机协调，在中途安排停车如厕。

（4）游览过程中，导游领队应适时提示卫生间位置，尤其应注意引导家长带领未成年人使用卫生间，不随地大小便。

（5）在旅游者众多的情况下，导游领队应引导旅游者依序排队使用卫生间、并礼让急需的老人、未成年人、残障人士。

（6）在野外无卫生间等设施设备的情况下，导游领队应引导旅游者在适当的位置如厕，避免污染水源或影响生态环境。并提示旅游者填埋、清理废弃物。

五、《规范》明确了导游领队对特殊或突发情况的处理原则

1. 旅游过程中遭遇特殊 / 突发情况，如财物被抢被盗、重大传染性疾病、自然灾害、交通工具延误等情形，导游领队应沉着应对，冷静处理。

2. 需要旅游者配合相关部门处理的，导游领队应及时向旅游者说明，进行安抚劝慰，导游领队还应积极协助有关部门进行处理。在突发紧急情况下，导游领队应立即采取应急措施，避免损失扩大，事态升级。

3. 导游领队应在旅游者和相关机构与人员发生纠纷时，及时处理、正确疏导，引导旅游者理性维权、化解矛盾。

4. 遇旅游者采取拒绝上下机（车、船）、滞留等方式非理性维权的，导游领队应与旅游者进行沟通、晓以利害。必要时应向驻外使领馆或当地警方等机构报告，寻求帮助。

六、《规范》建议导游领队在带团结束后要书面总结和反馈引导文明旅游的工作内容

旅游行程全部结束后，导游领队向旅行社递交的带团报告或团队日志中，宜有总结和反馈文明旅游引导工作的内容，以便积累经验并在导游领队人员中进行培训、分享。导游领队宜与旅游者继续保持友好交流、并妥善处理遗留问题。

七、《规范》明确了导游领队对于旅游者不文明出游行为可以举报

对旅游过程中严重违背社会公德、违反法律规范，影响恶劣，后果严重的旅游者，导游领队人员应将相关情况向旅行社进行汇报，并通过旅行社将该旅游者的不文明行为向旅游管理部门报告，经旅游管理部门核实后，纳入旅游者不文明旅游记录。

八、《规范》明确了旅行社、导游行业组织负有宣传培训教育的职责

旅行社、导游行业组织等机构应做好导游领队引导文明旅游的宣传培训和教育工作。

《规范》的实施，以导游、领队引导旅游者文明旅游为切入点，强化了导游领队文明旅游引导意识，对提升文明旅游引导水平，带动国民整体文明素质的提高，具有深远的意义。

《旅行社行前说明服务规范》要点解读

2015 年 4 月 2 日，原国家旅游局发布公告，《旅行社行前说明服务规范》（LB/T 040—2015，以下简称《规范》）经原国家旅游局批准，于 2015 年 5 月 1 日起实施。

“行前说明服务”是旅行社组织旅游者出游过程中一项必备的业务操作流程。但在实践中，各家旅行社操作不一，缺乏必要的规范，有些旅行社的行前说明基本是走走过场，有的甚至连过场都不走，旅行社和旅游者之间行前沟通和交流的重要环节被忽视。《规范》包括旅行社提供行前说明服务的范围、规范性引用文件、术语和定义、基本要求、服务形式、服务内容、服务流程、服务改进八个部分。为旅行社更好地理解和执行《规范》，要点解读如下：

一、首次提出“行前说明服务”的定义

行前说明服务是旅行社与旅游者签订包价旅游合同、约定的旅游活动成行前，就约定的服务内容，向旅游者告知重要信息、有助顺利完成旅游的活动，是旅行社提供的包价旅游产品中不可缺少的服务环节之一。

二、明确了“行前说明服务”应覆盖的产品范围

本标准适用于中华人民共和国境内旅行社提供的、签订包价旅游合同且包含行程游览服务的旅游产品。

三、对“行前说明服务提供方”做出了明确界定

“行前说明服务提供方”是与旅游者签订包价旅游合同的旅行社，包括：招徕、组织、接待旅游者并提供全程旅游服务的旅行社；销售批发商的包价旅游产品且自行与旅游者签订包价旅游合同的旅游代理商、旅游零售商。

四、强调同业伙伴加强沟通，提供必要的资源保障，携手为旅游者提供优质的“行前说明服务”

要求提供全程旅游服务的旅行社应主动为其代理商、零售商提供行前说明服务方面的有效支持。

旅行社应为“行前说明服务”提供必要的资源保障，包括：

1. 建立符合旅行社实际情况的行前说明服务管理制度，明确服务流程及服务标准；

2. 设置专门岗位，对行前说明服务所要达到的目标负责；

3. 对行前服务人员进行培训，确保其具有为旅游者提供相关服务的专业知识及技能；

4. 为行前说明服务提供场地、设备、设施等方面的支持。

五、首次提出可以利用互联网等技术或服务手段（电子邮件、微信等形式），向旅游者送达行前说明内容的电子版本、音频、视频资料并取得旅游者接收确认

为保证行前说明服务的质量及效果，旅行社应优先采取以下服务形式：

1. 出行前且非出发当天，旅行社、旅游者双方见面的行前说明服务形式；

2. 出行前且非出发当天，不见面形式的行前说明服务：旅行社利用互联网等技术或服务手段，向旅游者送达行前说明内容的电子版本、音频、视频资料并取得旅游者接收确认，且有专门渠道、专门人员解答旅游者疑问；

3. 上述两种形式的结合。

当旅游者因故未能接受行前服务时，旅行社可采取以下服务形式作为应急措施或补救手段：

1. 行程开始当天，在机场、车站、码头等公共区域临时举行；

2. 前往旅游目的地的交通工具上临时举行；

3. 在旅游过程中，通过播放音频、视频资料或由履行辅助人宣讲等进行。

六、首次将“文明旅游”确定为“行前说明服务”九项基本告知内容之一，且重要事项要书面告知

旅行社九项“行前说明服务”告知内容如下：

1. 出发信息。旅行社应向旅游者重点解读旅游行程，特别注意说明双方在签订包价旅游合同时尚未明确的要素，包括：交通工具的营运编号（如飞机航班号等）、集合出发的时间地点、必要的履行辅助人信息、团队标志（如导游旗、游客标志物）等。

2. 重要联络信息。旅行社应告知五项重要联络信息并提醒旅游者在旅游过程中全程携带：

（1）旅行社操作部门、销售部门相关工作人员、团队领队或全陪姓名及联络方式等信息；

（2）地接社及其工作人员（如地陪导游员）联络方式等信息；

（3）为游客提供保险产品的保险公司联络信息；

（4）遇到紧急情况时的应急联络方式。出境旅游产品还应向旅游者告知我国驻外使、领馆应急联络方式；

（5）应该或能够在行程中为旅游者提供安全保障的其他机构或人员信息。

3. 行前准备事项。告知旅游者国内、外运输管理相关法律、法规、行李托运须知、出入境物品管理相关法律、法规等对旅游者乘坐交通工具、托运行李、出入国境有影响的事项，提示旅游者提前做好相应准备。

4. 旅游目的地相关信息。提示旅游者旅游目的地（国家或地区）历史、地理、气候、人文风俗等信息及相关注意事项。

5. 文明旅游提示。对旅游者进行的文明旅游提示应包括：

（1）旅游者应当注意的旅游目的地相关法律、法规和风俗习惯、宗教禁忌等；

（2）易因不了解而引起误会、冒犯、争端或遭受非议的其他事项；

（3）除上述提示外，出境旅游团队还应提示国家出入境管理相关法律、法规，以及依照中国法律不宜参加的活动。

6. 旅游者不适合参加旅游活动的情形。除一般旅行安全注意事项外，旅行社应根据产品行程设计内容，有针对性地提示行程中存在一定风险的旅游项

目，再次询问旅游者健康状况，提示旅游者不适合参加旅游活动的情形。

7. 重大安全警示。旅行社应根据旅游目的地、行程安排的差异性，就以下事项对旅游者进行说明：

（1）行程中旅游者可能接触到的、操作不当有可能造成旅游者人身伤害的相关设施、设备的正确使用方法；

（2）必要的安全防范和应急措施；

（3）行程中未向旅游者开放的经营、服务场所和设施、设备；

（4）为保障安全，部分旅游者不适宜参加的活动。

8. 突发事件应急处理预案。旅行社应：

（1）告知旅游者，旅行社对突发事件的处理流程；

（2）告知旅游者，有危及人身或财产安全的意外发生时，旅游者应联络的人员的顺序；

（3）如旅游者为旅游活动投保了保险，应告知旅游者保障内容及出险时可采取的措施；

（4）突发事件发生时，有利于旅游者保护自身安全的其他信息。

9. 争议和投诉受理渠道。告知旅游者，当有争议发生时旅游者可通过何种渠道与方式维护自身利益，包括：

（1）旅行社受理投诉的渠道及流程；

（2）政府相关部门受理投诉的渠道及流程。

对上述与旅游安全、文明旅游相关的重要事项，应当向旅游者交付书面文件等形式的资料。其中可能严重危及旅游者人身、财产安全的旅游风险提示、多发旅游风险的提示、安全避险措施等重要安全提示内容，在资料中应以加大字号、醒目色标注等处理方式以引起旅游者重视。

七、首次明确要求旅行社应获取旅游者参与“行前说明服务”的签字证明或其他形式的到场记录以及书面告知内容的接收确认并存档至少保存两年

旅行社应在合同签署时告知旅游者行前说明服务提供的方式、时间等信息，并申明服务的重要性，促使旅游者参与。行前说明服务过程中，旅行社应获取旅游者参与活动的签字证明或其他形式的到场记录。对所有交付给旅游

者的书面告知内容，旅行社应向旅游者收取接收确认，以保证信息能有效传达。旅行社应指派专人对行前说明服务过程中的重要资料、记录进行整理、存档。存档要求应符合我国《旅游法》对旅游者资料保存的相关规定，至少保存两年。

八、提出要求旅行社不断完善“行前说明服务”在相关情况下的服务改进

旅行社从旅游者意见调查、旅游者投诉与建议信息中识别出与行前说明服务有关的信息，对服务流程、服务内容进行定期评审，使服务得到不断改进。

当以下情况发生时，旅行社还应立即组织对行前说明服务流程、标准进行针对性评审，以确保服务的有效性：

1. 国家相关法律、法规、行业管理规定颁布或发生变化时；

2. 旅游目的地国家或地区局势发生重大变化时；

3. 旅游经济形式发生重大变化时；

4. 行业管理部门或其他政府机构有要求时；

5. 旅行社经营组织结构和质量管理体系发生重大变化时；

6. 行前说明服务质量引起投诉或造成旅游者人身、财产损失等情况发生时。

《规范》的实施，对落实我国《旅游法》相关精神、倡导游客“文明旅游”，帮助旅行社“行前告知、事先防范”，提升总体服务质量，促进旅行社服务向精细化方向发展具有深远意义。

《自驾游管理服务规范》要点解读

2015年7月27日，原国家旅游局发布了第21号公告，《自驾游管理服务规范》（LB/T 044—2015，以下简称《规范》）经原国家旅游局批准，于2015年11月1日起实施。

随着生活水平的提高，人们的旅游出行方式也在悄然发生着改变，旅游休闲新业态中的自驾游，正在成为越来越受人们欢迎的出游方式，并呈持续增长态势。为此，《规范》明确了自驾游的组织机构及管理和服务要求，保障经营者和旅游者的合法权益，主要有以下八个方面的内容：

一、基本内容与范围

《规范》规定了自驾游组织机构、管理服务系统、路线与服务、合同与文件、人员、工作车及设备、安全与应急等管理的基本要求，《规范》适用于从事各类自驾游业务的旅行社、俱乐部和其他自驾游机构。

二、自驾游及其机构的定义

自驾游是以游客自己驾驶汽车为主要交通方式的旅游休闲活动。

自驾游机构是组织自驾游活动的俱乐部、车友会、旅行社等经营机构。

自驾游俱乐部是在工商行政或相关部门登记注册，以组织游客自驾汽车旅游为主要业务的经营机构。

三、自驾游组织机构的基本要求

《规范》对自驾游组织机构做出了明确的要求。例如：必须依法成立，能够独立承担民事责任；有必要的财产、经费和相应的组织机构；有自己的名称和场所；取得旅游业务经营许可，或与合法从事旅游业务的机构进行合作；具备自驾游相关业务主管部门要求的其他条件；有自驾游专业人员等。

四、自驾游管理服务系统

《规范》要求自驾游机构对自驾游的路况信息、定位导航、气象信息、停车服务、车辆维保、指挥调度、游客服务以及通信网络服务共八项内容严格服务管理，对自驾游组织机构提出了较为严苛的组成条件。八项内容主要如下：

1. 建立自驾游的路况信息管理平台系统，录入自驾游实时路况信息，系统应具备最佳路线和备选路线规划功能，并能对自驾游活动提供实时指挥调度服务。

2. 建立工作车定位导航平台系统，自驾游全部工作车辆及游客的车辆加入系统，系统应具备对自驾游车辆的行驶轨迹、行驶速度等进行实时监控和记录功能，记录的相关信息应在自驾游活动结束后保留 2 年以上。

3. 建立独立的自驾游气象信息管理平台系统，或在路况信息管理平台系统内设置气象信息管理子系统。收集气象信息或由气象部门提供定制的气象服务，及时通知自驾游机构工作人员，并提示自驾游游客采取必要的安全措施。

4. 建立独立的自驾游停车服务平台系统，或在路况信息管理平台系统内设置停车服务子系统。应提前至少 1 小时，了解自驾游目的地景区的游客数量、就餐场所服务和停车场空闲停车位数量、中途休息点的运行情况，特别是公共厕所使用和加油站点的经营情况，发现存在可能影响原计划执行的情况时，及时通知自驾游机构工作人员。

5. 建立独立的自驾游车辆维保服务平台系统，或在路况信息管理平台系统内设置车辆维保服务子系统，将沿途主要的车辆维修保养店（厂）及其联系方式、车辆救援机构相关信息、车辆租赁机构相关信息录入系统。

6. 应设立独立的指挥调度中心，或与自驾游机构联盟、业务合作单位共同建立统一的指挥调度中心，并拥有指挥调度权。工作时间和自驾游活动期间，应安排专人值守，此外可转为电话或网络自动值守。

7. 应设立游客服务中心，宜有相适应的停车区或停车位，营业时间内应安排专人接待自驾游游客，摆放自驾游产品资料或通过电子屏宣传，受理游客投诉。

8. 应设立电话和互联网等游客通信网络服务中心，应在公布的工作时间内安排专人值守，此外可转为电话或网络自动值守。

五、自驾游路线与服务管理

《规范》对自驾游的产品路线以及基本服务内容提出了多达 21 条内容。在产品路线上，宜结合农家乐、乡村旅馆、农园农庄、青年客舍、医养院所和露营地等旅游新业态设计自驾游活动路线，可通过自驾游护照、年册、年票、一卡通等形式与旅游景区、旅游饭店和旅游新业态企业进行合作，设计能适应各类需求的多种自驾游产品。自驾游组织机构要从自驾游产品的品质和安全性、通行质量、交通影响、游客逆向旅游需求、游客生理需求、车队整体性、自驾灵活性等多个极其细致的环节进行考量。例如，自驾游游客连续行驶 2 小时左右应安排一次中途休息，中途休息点宜选择公路服务区；工作人员与自驾游游客的人数比例不宜低于 1∶20，或者工作人员与自驾游游客自驾车辆的数量比例不宜低于 1∶5；应保持车队的整体性，规定合理的头车速度，正常情况下头车宜低于行驶路线规定限速 5~10 千米，并满足尾车不超过道路规定限速的通行要求。

六、签订书面自驾游合同

自驾游合同是最大的亮点之一。要求自驾游组织机构与游客需签订书面的自驾游服务合同，自驾游服务合同可参照《旅游法》第五十八条规定的包价旅游合同主要内容。该合同对组织机构、工作人员、游客都提出了明确的权责与义务。

七、自驾游安全与应急管理

《规范》要求自驾游组织机构需建立安全组织领导制度、建立健全安全工作机制、建立健全突发事件应急预案，以及购买责任保险。安全是《规范》强调的重要内容之一，自驾游组织机构宜以适当方式参加地方政府或行业主管部门的安全管理领导组织或安全生产协调机构，建立有效畅通的安全领导沟通协调机制。

八、自驾游旅途服务规范

《规范》在附录 A 中规定了自驾游出发准备与集结、组织车队顺利行驶、路况播报与通联、景区活动、食宿服务、散团与文档资料整理等旅途各个环节的具体要求。

《规范》的实施，填补了自驾游的行业监管空白，为经营者提供了统一标准，必将进一步促进自驾游的持续、健康发展。

《研学旅行服务规范》要点解读

2016年12月19日，原国家旅游局发布第37号公告，《研学旅行服务规范》（LB/T 054—2016，以下简称:《规范》）等旅游行业标准已经原国家旅游局批准，于2017年5月1日起实施。

近年来，研学旅行已经成为教育旅游市场的热点。自2016年教育部等11个部门联合推出《关于推进中小学生研学旅行的意见》以来，教育部门将研学旅行纳入了人才培养和教学计划体系，有数据显示，2017年参与境内研学旅行的人数达340万人次，参与境外研学旅行的人数达85万人次，庞大的学生群体吸引了众多的旅行社、旅游景区、博物馆等单位相继推出研学旅行产品；但是，一些原本并不接待游客的书画院、作坊、工厂、农场、培训机构等也参与研学旅行产品的开发和经营，出现了良莠不齐的现象。

研学旅行在产品设计和经营管理上应有不同于一般旅游产品的规范。为此，《规范》对服务方资质和人员配置、产品分类、服务改进、安全管理提出了明确的要求。其中，研学旅行服务方的资质要求、安全管理制度、应急预案等，尤其重要。主要内容如下：

一、《规范》定义的研学旅行服务方

1. 主办方

必须经合法登记注册，应具备法人资质。

内部有严格的管理制度和规范，应对研学旅行的服务项目有明确要求。

应有明确的安全防控措施、教育培训计划，保证学生出行安全。

应与承办方签订委托合同，按照合同约定履行义务。

2. 承办方

需要旅游资质，应为合法登记注册并具有相应经营许可的旅行社

要求符合原国家旅游局的相关要求，LB/T 004 和 LB/T 008 的要求，具有

AA 及以上等级，并符合 GB/T 31380 的要求。

连续三年内无重大质量投诉、不良诚信记录、经济纠纷及重大安全责任事故。

应设立具有独立的研学旅行部门和专职人员，负责研学旅行，具备承接 100 人以上中小学生旅游团队的经验。

应与供应方签订旅游服务合同，按照合同约定履行义务。

3. 供应方

必须经合法登记注册，应具备法人资质。

依据提供的服务项目，应具备相应经营资质和服务能力。

应与承办方签订旅游服务合同，按照合同约定履行义务。

二、《规范》规定的安全管理制度

1. 主办方、承办方及供应方应针对研学旅行活动，分别制定安全管理制度，构建完善有效的研学旅行安全管理制度体系

a）研学旅行安全管理工作方案；

b）研学旅行应急预案及操作手册；

c）研学旅行产品安全评估制度；

d）研学旅行安全教育培训制度。

2. 工作人员安全教育要求

应制订安全教育和安全培训专项工作计划，定期对参与研学旅行活动的工作人员进行培训。培训内容包括：安全管理工作制度、工作职责与要求、应急处置规范与流程等。

3. 学生安全教育要求

a）应对参加研学旅行活动的学生进行多种形式的安全教育；

b）应提供安全防控教育知识读本；

c）应召开行前说明会，对学生进行行前安全教育；

d）应在研学旅行过程中对学生进行安全知识教育，根据行程安排及具体情况及时进行安全提示与警示，强化学生安全防范意识。

三、《规范》要求研学旅行服务方事先制定各类应急预案

主办方、承办方及供应方应制定和完善包括：地震、火灾、食品卫生、治安事件、设施设备突发故障等在内的各项突发事件应急预案，并定期组织演练。

《规范》制定了研学旅行标准，引导研学旅行健康、规范发展。旅行社作为研学旅行的承办方，应严格按照《规范》执行。

《旅游经营者处理投诉规范》要点解读

2017年8月15日，原国家旅游局发布公告,《旅游经营者处理投诉规范》（LB/T 063—2017，以下简称《规范》）经原国家旅游局批准，于2017年10月1日起实施。

《规范》规定了旅游经营者处理投诉的基本要求，投诉处理机构设置、人员配置和制度建设要求，投诉受理的范围、时间和方式以及投诉处理要求。旅行社应关注以下主要内容:

一、限定投诉内容

对旅游产品及服务质量不满意。

二、限定投诉人

旅游者、旅游者代表或其委托代理人。

三、投诉处理的基本要求

1. 以旅游者为关注焦点，投诉处理方案应易于投诉者理解，处理流程便于操作。

2. 对投诉迅速做出反应，密切关注相关社会舆情，主动跟踪并积极应对。

3. 建立投诉处理的信息沟通和反馈渠道，及时、准确地传递与投诉处理有关的信息。

4. 平等、公正地对待所有投诉者以及可能涉及的员工，即被投诉者。

5. 保护投诉者隐私。

6. 依据国家有关法律、法规、标准和与旅游者签订的旅游合同处理投诉。

四、机构设置、人员配置、制度建设

1. 旅行社宜设立投诉处理机构。不具备设立条件的应指定专人负责投诉处理工作。

2. 应有满足投诉处理工作需要的必要场所、设施、设备以及相关工作文件和技术资料。

3. 应配置具有一定的工作经验专兼职投诉处理工作人员。

4. 应建立投诉处理制度、程序和工作规范，明确工作人员的职责；应建立工作人员教育培训制度、教育培训档案。

五、受理范围、时间、方式

1. 旅游经营者应规定和公示投诉受理范围，包括：

a）因违反合同约定或因不可抗力、意外事件致使旅游合同不能履行或者不能完全履行的；

b）因旅游经营者的责任致使投诉者人身、财产受到损害的；

c）其他争议和纠纷。

2. 旅游经营者应在 12 小时内做出受理决定，特殊情况下不应超过 24 小时。投诉受理后，应立即告知（通知）投诉者；由相关机构或部门转办的投诉，还应立即告知转办的机构和部门。

3. 旅游经营者应根据调查核实的情况以及投诉处理难易程度，作出相应的处理时限响应：

a）对双方无争议、事实基本清楚、仅造成轻微损失的投诉：宜在 1h 内形成协商处理意见，最长不宜超过 24 小时；

b）对比较复杂的或对主要事实存在争议的投诉：宜在投诉受理之日起 10 个工作日内形成协商处理意见。

4. 受理的投诉方式可包括来电、来访、来函及其他。

六、公示、传递信息

1. 旅游经营者应设立电话、网络等投诉（咨询）沟通渠道，并予以公示。

2. 旅游经营者应向旅游者及时、准确、完整地传递以下信息：

a）投诉受理范围和方式；

b）投诉者应提供的材料；

c）处理投诉的过程；

d）投诉处理过程各阶段时限；

e）投诉者反映意见以及获得反馈信息的途径；

f）投诉者可选择的其他解决方式。

七、建立合理高效的投诉处理流程

应尽可能促成与投诉者协商和解，避免争议激化。投诉者可选择的其他解决方式。

1. 达成一致处理意见的，旅游经营者应形成书面投诉处理决定，并做好记录；应确保投诉处理决定得到有效实施；应对投诉处理决定的履行及其效果进行跟踪、回访。

2. 不能达成一致处理意见的，旅游经营者应形成投诉处理终止纪录，建议投诉者：

a）向消费者协会、旅游投诉受理机构或者有关调解组织申请调解；

b）依据双方约定的仲裁条款或达成的仲裁协议向仲裁机构申请仲裁；

c）向人民法院提起诉讼。

投诉处理完毕后，旅游经营者应整理与投诉处理有关资料和记录，立卷归档。对投诉进行分类并分析，通过纠正和预防措施，消除导致投诉产生的根本原因，防止问题发生或重复发生，持续改进旅游产品和服务质量，提高旅游者的满意程度。

八、特殊投诉信息上报

因突发事件或者旅游安全事故引起的投诉，旅游经营者应在第一时间向旅游主管部门报告，并随时报送投诉处理过程信息和结果信息。

《规范》实施，为旅行社处理投诉建立了专业、统一的处理指南，填补了旅游经营者处理投诉的标准空白，为旅行社加强内部管理、减少旅游投诉、提升服务质量等发挥了积极的作用。

《旅游民宿基本要求与评价》要点提示

2017 年 8 月 15 日，原国家旅游局发布公告，《旅游民宿基本要求与评价》（LB/T 065—2017，以下简称《民宿标准》）经原国家旅游局批准，于 2017 年 10 月 1 日起实施。

《民宿标准》作为首个国家级行业标准，规范了民宿行业标准，规定了旅游民宿的定义、评价原则、基本要求、管理规范和等级划分条件，具有诸多亮点，例如在市场准入方面，强调经营者必须依法取得当地政府要求的相关证照，满足公安机关治安消防相关要求，并且规定民宿单幢建筑客房数量应不超过 14 间；在基本卫生要求方面，规定“客房床单、被套、枕套、毛巾”等应做到每客必换，客房及内部卫生间里的公共用品，应做到“一客一消毒”，民宿从业人员还应经过卫生培训和健康检查并持证上岗；在民宿等级划分方面，既强调“标准化”，又重视打造“特色民宿”，将民宿分为金宿级和银宿级两个等级。

旅游经营者应关注以下主要内容：

一、范围

正式营业的小型旅游住宿设施，包括但不限于客栈、庄园、宅院、驿站、山庄等。

二、定义

旅游民宿（Homestay Inn）

利用当地闲置资源，民宿主人参与接待，为游客提供体验当地自然、文化与生产生活方式的小型住宿设施。

（注：根据所处地域的不同可分为城镇民宿和乡村民宿。）

民宿主人（Owner and/or Investor）

民宿业主或经营管理者。

三、评价原则

传递生活美学；追求产品创新；弘扬地方文化；引导绿色环；实现共生共赢。

四、基本要求

1. 经营场地应符合本辖区内的有关规划，无影响公共安全的隐患，并征得当地政府及相关部门的同意。

2. 经营的建筑物应通过相关房屋安全性鉴定；开业以来或近三年未发生重大以上的安全责任事故。

3. 建设、运营采取节能环保措施，废弃物排放符合相关要求。

4. 经营应依法取得当地政府要求的相关证照，满足治安消防相关要求。

5. 生活用水、食品（来源、加工、销售）、卫生条件符合相关规定。

6. 从业人员应经过卫生培训和健康检查，持证上岗。

7. 公示服务项目，标明营业时间、明码标价收费项目。

8. 定期向旅游主管部门报送资料，及时上报突发事件等信息。

五、安全管理

1. 建立健全各类相关安全管理制度；定期培训从业人员。

2. 易发生危险的区域和设施应设置合规安全警示标志；易燃、易爆物品的储存和管理应采取必要的防护措施；配备必要的安全设施，确保宾客和从业人员安全。

3. 应有突发事件应急预案，并定期演练。

4. 自觉遵守当地习俗。

六、环境和设施

1. 环境应保持整洁；主体建筑应与环境协调美观，景观有地域特色。

2. 单幢建筑客房数量应不超过 14 间（套）；主、客区宜相对独立，功能划分合理；提供宾客休闲、交流的公共区域。

3. 提供整洁卫生、安全舒适的住宿设施和餐饮设施。

4. 设施设备完好有效，应定期检查并有维保记录；有适应气候的采暖、制冷设备。

5. 公共卫生间应位置合理，方便使用。

6. 配备必要的消毒设施设备、应急照明设备，提供无线网络。

七、卫生和服务

1. 整洁卫生，空气清新，无潮霉、无异味。

2. 客房床单、被套、枕套、毛巾等应做到每客必换；公用物品应一客一消毒。

3. 有防鼠、防虫措施。

4. 客房卫生间应有防潮通风措施，每天全面清理一次，无异味、无积水、无污渍，公用物品应一客一消毒。

5. 民宿主人应参与接待。接待人员穿着整齐清洁，礼仪礼节得当；熟悉当地旅游资源及特产，可用普通话提供服务；熟练应用相应的业务知识和服务技能；晚间应有值班人员或电话；遵守承诺，保护隐私，尊重宾客的宗教信仰与风俗习惯，保护宾客的合法权益。

八、等级

旅游民宿分为金宿级、银宿级。金宿级为高等级，银宿级为普通等级。等级越高表示接待设施与服务品质越高。

（一）金宿级

1. 周围有优质的自然生态环境，或有多处方便体验的地方风物；建筑和装修特色鲜明；设置交通工具停放场地；不影响周边居民生活。

2. 客房装饰体现当地特色，符合基本服务要求；宜使用高品质床垫、布草、毛巾和客用品，提供二种以上规格枕头；宜有较好的照明、遮光效果和隔音措施；电源插座等配套设施应位置合理；客房卫生间宜干湿分离，有防滑防溅措施；24 小时供应冷热水；公共空间宜专业设计，风格协调。

3. 民宿主人应提供自然、温馨的服务；宜组织多种活动；宜提供早餐服务；宜设置导引标识或提供接送服务；宜建立相关规章制度，定期开展员工培训；宜建立水电气管理制度；宜开展和建立消防演习和安全巡查制度。

4. 设计、运营和服务宜体现地方特色和文化；有评价较高的特色产品或服务；有较高的市场认可度；宜积极参与当地政府和社区组织的集体活动；宜提供线上预订、支付服务；经营活动应有助于地方经济、社会、文化的发展；宜注重品牌建设，并注册推广。

（二）银宿级

1. 周围有较好的自然生态环境，或有多处方便体验的地方风物；建筑和装修宜内外协调、工艺良好；设置交通工具停放场地，且不影响周边居民生活。

2. 客房装饰应体现当地文化，整体效果较好；宜提供较为舒适的床垫、布草、毛巾和客用品，可提供二种以上规格枕头；宜有窗帘和隔音措施，照明效果较好，电源插座等配套设施宜位置合理，方便使用；卫生间应有淋浴设施，并有防滑防溅措施。

3. 民宿主人应提供自然、温馨的服务；宜组织宾客乐于参与的活动；宜提供早餐和特色餐饮服务，或附近有餐饮点。

4. 为宾客合理需求提供相应服务；宜利用互联网技术宣传、营销。

近年来，民宿行业异常火爆，由于缺乏标准规定，民宿业的准入门槛很低，客观上导致了行业的良莠不齐；《民宿标准》的实施，对经营民宿业提出了明确的要求和必要的引导，对规范民宿业健康有序发展和保障产品品质意义重大。

《旅行社老年旅游服务规范》要点解读及相关法律问题分析

2016 年 2 月 24 日，原国家旅游局发布公告，《旅行社老年旅游服务规范》（LB/T 052—2016，以下简称《规范》）经原国家旅游局批准，于 2016 年 9 月 1 日起实施。

《规范》对老年旅游者的游玩时间、安全提醒、保健服务等诸多方面做了规定，例如：人数 100 人以上的老年团，应配随团医生服务；75 岁以上老人报团，应请成年直系家属签字，且宜由成年家属陪同；老年人连续游览时间不宜超过 3 小时，连续乘车时间不应超过 2 小时，等等。《规范》一经出台就引起业内及社会各界一片热议，针对社会及旅游行业的热点问题，笔者就六个方面的问题分析解读如下。

一、《规范》与《旅游法》有关老年旅游者规定之间的关系

我国《旅游法》于 2013 年 10 月 1 日实施，涉及老年人的主要有两条规定，一是第十一条规定，老年人旅游者在旅游活动中依照法律法规有关规定享受便利和优惠；二是第七十九条规定，旅游经营者组织、接待老年人等旅游者，应当采取相应的安全保障措施。时任原国家旅游局局长邵琪伟等主编的《旅游法解读》认为："《旅游法》上述保障老年旅游者的规定与老年人权益保障法是一个衔接性的规定。"但是，如何让老年人旅游者享受便利，旅游经营者如何采取相应的安全保障措施，在《旅游法》中只有原则性规定。我国《合同法》规定，对质量要求不明确的，按照国家标准行业标准履行。因此，作为国家行业标准的《规范》应有效衔接《旅游法》，为履行《旅游法》中涉及老年旅游者的规定提供了推荐性的、引导性的行业标准。

针对性和操作性很强的《规范》出台，使旅游经营者开发老年市场有了明

确方向，《规范》条款中的“应”与“不应”，“宜”与“不宜”等规定，都具有很强的指导和规范意义。尽管有操作难度，但有标准远比没有好。这情形就像当年《旅游法》出台一样，最初也有人抱怨，但两年后，大家通过实践，业界越来越认可《旅游法》的正能量。

《规范》将倒逼许多旅游企业实行供给侧改革，倒逼老年旅游产业跟上目前消费模式、消费人群以及消费需求的变化。特别是我国许多城市逐渐成为老龄化城市，老年旅游成为很大的市场，《规范》为企业提供了指导性行为清单，让企业更好、更优质地服务于这一人群。

二、《规范》的适用范围

《规范》的适用范围，涉及以下五方面的问题：

第一，《规范》第一条规定，本标准适用于提供老年旅游产品的旅行社。但是，并非仅仅是提供老年旅游产品的旅行社才适用该标准。旅行社老年旅游服务中，有的旅行社是代理社，本身不提供老年旅游产品，代理社是接受委托社的委托，代理销售委托社提供的老年旅游产品，代理社是否适用《规范》?

第二，地接社也不提供老年旅游产品，它是负责旅游目的地接待服务的，地接社是否适用《规范》?

根据《旅游法》的规定，答案非常明确，代理社销售的是老年旅游产品，地接社接待的是老年旅游产品的消费者即老年旅游者，所以都应当适用《规范》。

第三，旅行社销售常规旅游产品时，60岁以上含60周岁的老年人报名参团，旅行社在接待60周岁以上含60周岁的老年人参加的常规旅游产品（非老年旅游产品）时，是否适用《规范》?目前，这种情况很普遍，旅行社经营常规旅游产品，60岁以上含60周岁的老年人报名参团，例如一个团45人，老年人可能是几个人，也有可能是十几个人。根据《旅游法》的规定：旅游经营者接待老年旅游者，应当采取相应的安全保障措施。依法采取安全保障措施也就是应当履行法定的安全保障义务，安全保障义务贯穿在旅行社招徕、订立合同、接待服务等整个流程中，每个环节都要提供安全的、符合标准的服务；所以旅行社在常规产品当中接待60岁以上含60周岁的老年人参团旅游的，应当参照《规范》标准履行。

第四,《规范》第3.2条规定，老年旅游产品是根据老年人的特殊需求专门为老年旅游者组织开发的包括交通、住宿、餐饮、游览、导游等旅游服务在内的包价旅游产品。即老年旅游的包价旅游产品（俗称跟团游产品），包括预制旅游产品和定制旅游产品，都应适用《规范》标准。

第五,《规范》在2016年9月1日实施以后，有的旅行社可能在销售常规旅游产品时打个备注：本产品不适用于60岁以上含60周岁的旅游者报名。那么，旅行社不接待60周岁以上含60周岁的老年人旅游者报名的行为，显然违反《旅游法》规定，非但没有给老年旅游者提供便利和优惠，反而限制老年旅游者参团。

《规范》出台，会鼓励和推动专做老年旅游的专业旅行社的发展，但旅行社显然不能拒绝60岁以上含60周岁的消费者参加正常旅行团，因为消费者有自主选择权，否则有消费歧视之嫌。在实践中，尽管不是老年团，只要有60岁以上含60周岁的老年人参加，旅行社就须按《规范》下足功夫，特别在保护老年旅游者的人身安全问题上，要严格履行告知、提醒、防范和救助义务。

三、《规范》作为推荐性规范，旅行社不执行是否担责

我国标准化体系分为推荐性和强制性标准,《规范》是作为一个行业性推荐标准出台的。若不作为强制性标准，旅行社不引入或不实施此标准，是否在实践中可以“免责”？答案是否定的。旅行社要具有遵守相关行业标准、规章制度的意识。对于老年旅游产品，旅行社一定要履行好告知义务，告知在法律上是具有效力的。在执行《规范》的过程中，要求旅行社“应”做的，一定要做到，“适宜”做的，旅行社要抱着积极的态度去面对，不要片面地认为不是强制性的规定就不需要承担法律责任，只要旅行社没有尽到责任，就必须承担后果。

在处理游客投诉时，一定会依据《规范》来裁定是非曲直的，不会因为其是“推荐性”标准而不引用。

由此可见，老年人旅游者在旅游中，一旦遭受人身或者财产损失时，旅行社如果没有执行《规范》标准，导致对老年人旅游者履行安全保障义务存在瑕疵，就要承担相应的民事责任。

四、如何理解《规范》中有关“应”与“不应”和“宜”与“不宜”

《规范》条款中“应”和“不应”，“宜”和“不宜”，这样的表述很多。在司法实践中，“宜”与“不宜”是一种引导性的建议，具体到底要不要实施，行为人应该从有利于保护老年人权益的角度并结合自身的履行能力，从合理的范围内加以实施。“应”与“不应”在法律上是非常强硬的用语，因此，《规范》凡是涉及“应”的行为，旅行社一定要履行。如果是“不应”的，旅行社不得有该行为。如果“应”的行为不履行，“不应”的却发生了该行为，旅行社就要承担相应的民事责任。

在司法实践中，对《规范》适宜的倡导标准，旅行社适宜履行但未履行的，一般从未履行的合理性，以及旅行社主观上积极履行的意识表现等因素综合考量，并不是《规范》要求旅行社适宜履行但未履行的，就不承担责任。

五、如何执行《规范》标准，防范法律风险

如何执行《规范》“应”与“不应”标准，防范法律风险，主要涉及以下条款：

《规范》第 4.1.1：“旅游景点活动安排应选择符合老年旅游者身体条件，适宜老年旅游者的旅游景点和游览娱乐等活动，不应安排高风险和高强度的旅游项目。”什么是高风险高强度的项目？《规范》及相关法律法规没有具体规定。在司法实践中，一般按照通常的众所周知的认定标准。例如，老年人参加漂流项目，一般的老年人家属都会提出疑义：老年人在湍急的水面颠簸漂流，如果受伤怎么办？像这种高风险高强度就是按照通常的众所周知的合理认知来加以认定。并不是说《规范》及相关法律、法规没有具体规定，旅行社就可以不适用《规范》，不受该条款约束。

《规范》第 4.2.1：“整个行程应节奏舒缓，连续乘坐汽车时间不应超过两小时，每个景点应安排充裕的游览时间。”该条款是旅行社应做的。团里有 60 岁以上含 60 周岁的老年人，乘坐的汽车必定要两小时以内停一下，可以在高速公路服务区停车或者在其他适当地点停车休息后，继续乘坐。如何来界定“应节奏舒缓，应安排充裕的旅游时间”中的“节奏舒缓”，如何来界定“安排充

裕的旅游时间”,《规范》及相关法律、法规没有具体规定。司法实践中，还是按照合理性的标准，公众所认知的合理安排来认定。旅行社有时会觉得，标准中没有明确就难以履行，其实这个问题并不存在。

《规范》第 4.3.2:“组团社应要求并督促地接社充分了解接待计划，充分了解行程中的各项安全措施、安全保障能力和安全要求，发生意外情况时有应急计划与解决对策。”该条款的重点主要在应有应急计划与解决对策。例如，60 岁以上含 60 周岁的老年人在旅游途中发生人身或财产损害的，在司法实践中，如果旅行社没有事先制订应急计划和解决对策，那么旅行社履行安全保障义务有瑕疵，应承担相应的民事责任。

《规范》第 4.1.1:“乘火车的应安排座位，过夜或连续乘车超过 8 小时的应安排卧铺，宜尽量安排下铺。”例如，60 岁以上含 60 周岁的老年人在旅游途中发生人身或财产损害的，在司法实践中，如果旅行社接待老年人旅游者应该安排卧铺而没有安排，应该安排座位而没有安排座位，那么旅行社履行安全保障义务有瑕疵，应承担相应的民事责任。

《规范》第 4.4.4:“应要求客车承运单位安排拥有至少五年驾龄、具有熟练驾驶经验、驾驶平稳的客运司机。”《规范》第 4.4.5:“客车上应配备轮椅、拐杖等辅助器具。”凡是《规范》规定“应”的行为，旅行社应当履行。《规范》对具体配备数量没有规定，有旅行社提出，一辆大巴有 45 人，是否需要配备 45 个拐杖；如果只配备了 10 个拐杖，正好 10 个拐杖都被老年人借用了，没有借用到拐杖的老年人，途中摔伤造成损害，那么旅行社是否要承担责任？司法实践中通常按照合理性角度考量，首先，看旅行社是否实际配备，是否有主观上积极履行的意识，如未配备肯定要承担相应的民事责任；其次，还要考量老年人的伤害与配备及数量是否有必然的因果关系？旅行社配备的数量是否具备合理性？旅行社是否事先做了告知？如果旅行社实际配备，且具备一定的合理性，并事先告知，即使没有使用到拐杖的老年人摔伤造成损害，旅行社并不当然就要承担责任。

《规范》第 4.5.2:“宜选择有电梯的饭店，没有电梯的饭店应安排老年旅游者入住 3 层以下的楼层。”按司法实践，三层以下的定义包括 3 层在内的，安排住在 3 层也符合标准。

《规范》第 4.6.1:“应选择具备紧急物理救护等业务技能、了解一般医疗常识、具有至少3年导游从业经验、做事细致耐心的导游/领队全程随团服务。”该条款的重点是3年导游资质有证可查，如果旅行社配备的导游没有三年从业经验，旅行社要承担相应的民事责任。总之，《规范》应履行的行为，旅行社未履行，如老年旅游者在旅游过程中受到人身、财产损害的，旅行社应承担相应的民事责任。

较大争议的《规范》第5.2.3：“应采集老年旅游者详细信息……并请老年旅游者当面签字，75岁以上的老年旅游者应请成年直系家属签字，且宜由成年家属陪同。”目前，部分旅行社已经使用《身体健康申报表》（可在上海市旅游行业协会旅行社分会官网的法律咨助栏目免费下载），75岁以上都要请成年家属签字。在实践中，例如老年人是孤老，没有直系亲属签字怎么办，并不是说老年人是孤老没有直系亲属签字就不能旅游了。司法实践中，通常按实际情况来考量。如果没有签字是因为无直系亲属的原因，则具有合理性。另一种情况，例如老年人把表格带回请成年家属签字，交给旅行社时附户口簿复印件，复印件显示某某与老年人是父子关系，旅行社看见某某名字签好了，让老年人报名参团，旅游合同订立后，旅游出行。不巧这名老年人旅游者在旅游途中猝死，家属起诉旅行社，称自己没签过字，旅行社表格上的签字经过笔迹鉴定确实不是家属签的。《规范》该条款，旅行社承担什么义务？承担的是形式上的审查义务还是实质上的审查义务？如果是形式上的审查义务，只要表格上签名后附户口簿复印件，证明签字人系老年旅游者成年直系家属，那么就尽到了形式上的审查义务。但是，在司法实践中，这样的签名是不真实的、无效的，旅行社未当面核实、未尽到实质上的审查义务，就要承担相应的民事责任。

《规范》第5.2.4：“应准备《安全告知书》一式二份……待老年旅游者签字，组团社和老年旅游者各留一份。《安全告知书》应包括旅游活动的潜在风险、旅游行程中的安全注意事项等内容。”《规范》第5.2.5：“应口头提醒并书面提供老年旅游者一份《出行提示清单》……”这些都是针对老年人旅游者的特殊标准。

《规范》第5.2.6：“应详细介绍旅游意外保险产品及其适用对象，应推荐其购买包含紧急救援在内的旅游意外险……”例如，旅行社没有详细介绍旅游意外保险产品及其适用对象，旅游者买了该保险后，该旅游者在旅游途中猝死，根据该旅游意外险条款，猝死属于除外责任，旅游者家属可以起诉旅行社，诉称当时买保险时旅行社没有详细介绍，如果详细介绍了，老年人就会寻求一款将猝死作为保险理培范围的旅游意外险，现在保险公司免责不赔，故要求旅行社赔偿可得利益的损失。例如，旅行社推荐旅游者购买了旅游意外险不包含紧急救援在内，一旦出现险情造成损失，旅游者可以起诉旅行社，要求赔偿保险利益的损失。因此，老年人旅游者经推荐委托旅行社办理个人投保的旅游意外保险，保单和保险条款应由老年人详细阅读并签名确认。

《规范》第 7.2 的安全提醒尤其重要，是导游 / 领队对老年人旅游者现场服务的安全标准。从《规范》第 7.2 的 1~8 一直到《规范》第 7.4 的 1~6，这些都规定了旅行社导游和领队应该尽到的提醒、介绍、告知、引导等义务。旅行社对导游 / 领队要加强培训,《规范》实施，对导游领队接待 60 岁以上含 60 周岁的老年人提出了新的要求。即使接待常规旅游产品旅游者，只要有60 岁以上含 60 周岁的老年人参团，导游 / 领队就要针对老年人旅游者尽到《规范》的规定义务。如果未尽到义务，现行的《旅行社服务质量赔偿标准》第九条规定，“导游或者领队未按照国家或旅游行业对旅游者服务标准提供服务，影响旅游服务质量的，向旅游者支付总费用 1% 到 5% 的违约金”。常规旅游团队的领队 / 导游在接待 60 岁以上含 60 周岁的老年人旅游者时，上述介绍、提醒等义务只要未尽到任何一项，旅游者就可以到旅游质监所投诉，要求旅行社赔付旅游总费用的 1%~5% 的违约金，旅行社一定要引起重视。

饱受争议的《规范》第 7.6.1:“包机、包船、旅游专列和 100 人以上的老年旅游团应配备随团医生服务。”《规范》所称随团医生，指为老年旅游者提供保健知识、紧急救助、非处方药建议以及协助医生救治的医务工作者，需持有有效的医师执业资格证。该条款的重点是仅能提供非处方药建议以及资质要求中的“需持有有效的医师职业资格证”。例如，导游考出导游资格证，但是从事带团导游工作，还要有导游证。医院临床医生具有“医师执业证书”,《规范》所称的随团医生可以没有“医师执业证书”，只要持有“有效的医师职业资格证”即可，退休医师或者社区医务工作者等，只要持有“有效的医师职业资格证”，就可以提供随团医生服务。

关于配备随团医生，司法实践中也有很多案例。旅行社不配备医生，也不用承担医生过失的责任；但配备了医生，由于随团医生延误诊治和救治不当，这个责任就要由旅行社来承担。所以旅行社要与随团医生签订协议书，明确约定双方的权利义务，对医生应有约束。例如，要向医生明确，随团医生必须要将每天的接诊情况做好记录，并及时告知旅行社，对发热和摔伤以及老年人突发病情接诊的，必须告知老年旅游者，要及时去医院就诊。《规范》明确了随团医生没有处方权，只能提供非处方药的建议，也规定随团医生诊治的医疗设备限制等，与临床医生有很大区别，所以要提醒老年人及时到医院就医。这是一个重要的提示义务。如果不告知，救治不当造成延误诊治的，随团医生的行为过失，相关责任应由旅行社承担。

《规范》第7.6.2:“团队应配备急救用品、简单常用医疗器械和常用药品。”《规范》第7.6.3:“团队应配备防止晕机晕船晕车的药物，制定产生晕机晕船晕车时的紧急预案。”例如，救心丸、晕车灵，这些都是必要配备，如果不配备的话，也要承担相应的民事责任。

法院在审判中，通常会进行合理性的综合考量。例如，法院不会因为百人团就要求旅行社配备100副拐杖和轮椅车，关键是旅行社要合理配备老年团出游所需的特别辅助设施设备，保障消费者的安全权、知情权、选择权、公平交易权等权利，并尽到必要的告知、防范和救助责任。旅行社要履行75岁以上老人报团时的成年直系家属签字同意书的复核义务，不是看到有签字即可，需要打电话找到其家属，核实同意书的真实性。

六、老年旅游尚待完善与解决的法律问题

《规范》出台后，在执行层面尚有许多问题亟待解决，需要各方形成合力。第一，要充分发挥旅游保险的作用，尽快研发老年旅游保险产品；第二，行业协会需要加强对旅行社企业管理人员和一线员工的涉老旅游培训；第三，充分利用媒体进行宣传和教育，鼓励老年人改变固有观念，接受优质优价的产品服务；第四，充分利用互联网信息技术为老年旅游提供专业服务；第五，旅游行政管理部门和工商市场监管部门应适时联合制定《老年旅游合同示范文本》，供业界统一使用；第六，政府部门宜在税收和政策方面予以指导和帮助，鼓励和扶持老年旅游的专业旅行社的发展，并对规范企业给予奖励。

老年旅游日趋红火，《规范》的实施，必将帮助和促进老年旅游的健康发展。

《国内旅游“一日游”合同（示范文本）》要点解读

2013年1月17日，原国家旅游局发布旅发〔2013〕55号文件，原国家旅游局、国家工商行政管理总局关于印发《国内旅游“一日游”合同（示范文本）》的通知（以下简称《示范文本》），引起社会广泛关注。

由于“一日游”有两大突出特点：一是受到散客的普遍欢迎，已成为城市散客旅游、特别是周边旅游的主要方式；二是长期存在的“黑社”“黑车”“黑导”及购物加点等问题，已成为社会舆论关注的焦点。因此，《示范文本》的发布，以维护旅游者利益为主线，以解决存在的主要问题为着力点，结合一日游实际情况，针对旅游纠纷易发多发环节，根据有关法律、法规，明确了国内旅游“一日游”的旅行社和旅游者之间责任划分，重点条款内容如下：

一、遏制“黑社”“黑导”“黑车”“黑驾”

“黑社”“黑车”“黑导”和“黑驾”是“一日游”市场中最明显的顽疾，旅客投诉最多的也是针对这四大“黑”。针对这些顽疾，《示范文本》要求明确旅行社的名称和许可证编号、导游员的姓名和导游证号、运输车辆的车牌号码、驾驶员的姓名，并就使用无合法有效资质旅游车辆、驾驶员及导游员的情形，做出了严格的违约责任规定。

例如，《示范文本》合同责任第一条旅行社第3项规定：“旅行社未按合同约定安排具有合法有效资质的旅游车辆、驾驶员或导游员的，应向旅游者全额退还已付旅游费用。”第5项规定：“旅行社违反合同包车游约定安排合车游的，应向旅游者支付旅游费用总额20%的违约金。出发前旅游者要求解除合同的，旅行社还应向旅游者全额退还已付旅游费用。”

二、取消购物、自费项目以及自由活动

低价招徕、行程中加点、强迫购物、收取回扣等是“一日游”活动中存在的较为普遍且严重影响旅游者利益的问题。为有效维护旅游者的合法权益，结合“一日游”时间短、行程安排紧凑的特点，《示范文本》没有关于自由活动的规定，也不允许旅行社安排另行付费项目或指定购物场所购物。

例如，《示范文本》合同责任第一条旅行社第6项规定：“旅行社及导游员、驾驶员安排旅游者在其指定的购物场所购物或以参观等形式变相安排购物（合同中明示景点含购物场所的除外）的、强迫或者变相强迫旅游者购物的，每安排或强迫一次，旅行社应向旅游者支付旅游费用总额20%的违约金。旅游者要求退货的，旅行社应自旅游者向其交付货物之日起三日内承担退货责任。”第7项规定：“旅行社及导游员、驾驶员安排另行付费项目的，旅行社应向旅游者全额退还另行付费项目价款。”

三、不可抗力下双方都可解除合同

“一日游”行程较为简单，发生不可抗力等不可归责于任何一方的事由，容易导致合同目的无法实现。为避免旅行社以调整行程、变更合同的形式损害旅游者的合法权益，示范文本规定此种情形导致合同无法履行或继续履行的，合同双方均可以解除合同，并以公平为原则分摊相应的费用。

例如，《示范文本》合同责任第三条不可抗力第1项规定：“导致合同无法履行或继续履行的，旅行社和旅游者均有权解除合同。未实际发生费用的，旅行社应向旅游者全额退还已付旅游费用；已实际发生费用的，由旅行社与旅游者协商合理分担，剩余费用退还旅游者。”

四、旅行社补充条款的内容被限制

《示范文本》在使用说明中规定，旅行社可以制定补充条款对解除合同的方式、退还旅游费用及支付违约金的期限等本合同示范文本有关条款的内容进行补充、细化，但补充条款的内容不得减轻或者免除应当由旅行社承担的责任。

当前，旅行社对现行的国内或出境旅游合同示范文本，都附有许多补充条

款，其中不乏因减轻或者免除应当由旅行社承担的责任而涉嫌霸王条款。为杜绝旅行社为应对《示范文本》而可能制定的霸王条款，《示范文本》在使用说明中的上述规定，成为一大亮点。

《示范文本》以相关法律、法规为依据，以旅游实践为基础，以简单实用为原则，对旅行社和旅游者的责任划分明确，凡涉及经营国内旅游“一日游”业务旅行社，应学习理解，结合实际推广使用。

《境内旅游组团社和地接社合同（示范文本）》简析与适用

2014年4月14日，原国家旅游局发布旅发〔2014〕72号文件，原国家旅游局、国家工商行政管理总局关于印发《境内旅游组团社与地接社合同（示范文本）》的通知（以下简称《示范文本》），引起业内广泛关注。

为帮助旅行社理解和适用《示范文本》，从七个方面简析要点如下：

一、《示范文本》的两个构成部分

《示范文本》由两部分构成。一是合同有效期内可反复使用的通用条款，即合同文本的各项规定；二是针对单团达成的具体条款，主要指《接待计划书》。

二、《示范文本》明确订立的原则

《示范文本》明确了组团社与地接社的约定，应遵守我国《旅游法》《消费者权益保护法》等法律、法规，不应损害旅游者的合法权益。

三、《示范文本》明确保险险种及购买、分担事宜

为最大限度地化解风险、保障各方利益，《示范文本》明确了旅行社责任险、人身意外伤害保险、承运人责任保险等险种的购买、分担等事宜。

四、《示范文本》明确不可抗力的责任承担及方式

对于由不可抗力因素造成的纠纷及损失，《示范文本》也进行了专门的规定和说明，并在违约责任和合同解除部分明确了相应的责任承担及方式。

五、《示范文本》规范地接社服务的条款不乏亮点

1. 约定地接社负有要求导游引导旅游者健康、文明旅游，劝阻旅游者违法和违反社会公德行为的义务。

2. 约定地接社负有收集和保存相关证据的义务。地接社接待过程中，旅游者受到人身、财产损害的，地接社应采取救助措施并先行垫付必要费用，及时向组团社反馈信息，收集和保存相关证据，地接社应积极配合组团社处理旅游者投诉、仲裁、诉讼等服务质量纠纷，及时提供所需证据材料。

3. 约定地接社的违约责任。地接社未经组团社书面同意将组团社组织的旅游者与其他旅游者合并接待或者转交任何第三方接待的；地接社未按合同约定选择合格且具有相应接待能力的供应商；因地接社违法违规行为导致组团社受到行政处罚的；地接社未能在当地解决旅游者提出的投诉又未及时书面通知组团社的，均应向组团社支付违约金或赔偿组团社实际损失。

4. 约定组团社的合同解除权。地接社接待服务质量未达到示范文本约定的达标标准或由于地接社原因引发旅游者有责投诉、仲裁或者民事诉讼或因地接社违约给组团社或旅游者造成经济损失拒不改正或拒绝赔偿达到或超过示范文本约定的次数的，组团社有权解除合同，并要求地接社承担相应的赔偿责任。

六、《接待计划书》规范接待内容

接待费用中必须列明地接导游费用；对《接待计划书》的订立和变更、接待服务的要求和费用结算、组团社义务、地接社义务、双方的共同义务及风险防范、纠纷的处理等均做出了明确规定；旅游行程中旅游者主张解除合同的，组团社与地接社的负有协助旅游者返回出发地或者旅游者指定的合理地点的义务。

七、旅行社对旅游业务作出委托应当签订委托合同

旅行社之间对旅游业务作出委托有两种情形：一是旅行社对旅游产品的代理销售业务作出委托的，应当委托给具有相应资质的旅行社，并与接受委托的代理社签订同行互为《委托代理合同》；二是旅行社对旅游产品的旅游目的地接待业务作出委托的，应当委托给具有相应资质的旅行社，并与接受委托的地

接社签订委托合同，如果是境内旅游的，签订本文的《境内旅游组团社和地接社合同（示范文本）》。

《旅行社条例》第三十六条，“旅行社需要对旅游业务作出委托的，应当委托给具有相应资质的旅行社，征得旅游者的同意，并与接受委托的旅行社就接待旅游者的事宜签订委托合同，确定接待旅游者的各项服务安排及其标准，约定双方的权利、义务。”旅行社未与接受委托的旅行社就接待旅游者的事宜签订委托合同的，根据《旅行社条例》第五十五条的规定，由旅游行政管理部门责令改正，处 2 万元以上 10 万元以下的罚款；情节严重的，责令停业整顿 1 个月至 3 个月。

《示范文本》的发布，促使地接社提升旅游接待服务质量，为组团社和地接社签订委托合同提供了统一的文本，方便了旅行社的实际操作。旅行社应结合实际，推广使用示范文本。

附　录

上海市境内、出境旅游合同示范文本（2013版）解析与提示

2013年11月6日，上海市工商行政管理局和上海市旅游局联合发出沪工商合〔2013〕363号文件，在本市范围内推行使用《上海市境内旅游合同示范文本（2013版）》《上海市出境旅游合同示范文本（2013版）》（以下统称《旅游合同》）。

《旅游合同》以维护旅游者与旅行社的合法权益，促进旅游市场健康发展为宗旨，以我国《旅游法》等相关法律、法规为依据，以旅游实践为基础，以简单实用为原则，删除了原《上海市国内旅游合同示范文本（2009版）》《上海市出境旅游合同示范文本（2004版）》（以下统称原合同）中，旅行社指定具体购物场所和另行付费的自选项目等相关条款；增加了遵守旅游文明行为规范、如实告知个人健康信息、拒绝零负团费、拒绝强制交易、拼团、旅游行程单、安全告知书、最低成团人数、逾期支付旅游费用的违约金等，增加的诸多内容颇具亮点，尤其是旅游者解除合同承担的必要费用以及旅行社未按法定期限提出解除合同支付违约金的标准，均设立了两个选项，充分体现了当事人意思自治的合同法基本原则，也是《旅游合同》的首次实践与创新。

笔者是《旅游合同》起草执笔人，为帮助旅行社理解和使用《旅游合同》，就《旅游合同》中主要条款内容，解析与提示如下：

一、组团方式

《旅游合同》第一条，组团方式比原合同增加了拼团。《旅游合同》使用说明第四条明确规定了拼团的释义。旅行社自组产品且不与其他旅行社拼团的业务为自行组团；委托组团指代理社销售委托社产品，提供旅游产品的是委托社，代理销售旅游产品的是代理社。旅行社填写时须三选一，不得同时选两项

或一项不选。如选委托组团的必须写明委托社全称。如选拼团的，必须写明招徕旅游者的拼团的其他旅行社全称。俗称的联合组团也属于拼团。

二、旅游行程单

《旅游合同》第二条和第五条（二）2，增加了旅游行程单。旅行社填写时要注意，旅游行程单只能细化、不能增加或删减《旅游合同》约定的行程或降低《旅游合同》约定的标准，旅游行程单应与本合同团号一致，经双方签字或者盖章确认后作为《旅游合同》的组成部分。

三、旅游文明行为规范

《旅游合同》第五条（一）1，增加了旅游者应遵守旅游文明行为规范；《旅游合同》第五条（二）7.（3），增加了旅游者从事违法或者违反社会公德活动的，旅行社可以解除合同，这两个条款相互对应。针对目前部分旅游者在行程中的不文明行为，提示旅行社可对上述条款补充、细化，在《旅游合同》的补充条款中填写："甲方有文明旅游的义务，应当自觉遵守相关文明旅游规范。甲方有不文明旅游行为且经乙方劝阻屡次不听的，视为本合同第五条（二）7.（3）从事违反社会公德的行为，所产生的不利后果，由甲方自行承担；如给乙方造成损失，甲方还应当承担赔偿责任。"

四、拒绝零负团费

《旅游合同》增加了拒绝零负团费的规定，旨在重申我国《旅游法》的核心，例如，《旅游合同》第五条（一）2. 规定："甲方有权拒绝乙方未经协商一致指定具体购物场所，安排另行付费旅游项目的行为。"《旅游合同》第五条（二）1. 规定："乙方不得以不合理的低价组织旅游活动，诱骗旅游者，并通过安排购物或者另行付费旅游项目获取回扣等不正当利益。" 这是旅行社必须恪守的法定义务。例如，《旅游合同》第七条违约责任（七）规定："乙方未经与甲方协商一致或者未经甲方要求，指定具体购物场所或安排另行付费旅游项目的，甲方有权在旅游行程结束后三十日内，要求乙方为其办理退货并先行垫付退货货款，或者退还另行付费旅游项目的费用。"

五、转团、拼团

《旅游合同》第五条（一）3，增加了甲方有权拒绝乙方未经事先协商一致的转团、拼团行为。转团是指因未达到约定人数不能出团的，组团社经征得旅游者书面同意，委托其他旅行社履行合同的行为。提示旅行社如有转团的，必须征得旅游者书面同意。如旅行社擅自转团的，《旅游合同》第七条（六），增加了违约责任条款："乙方未经甲方同意，擅自将旅游者转团、拼团的，甲方在行程前（不含当日）得知的，有权解除合同，乙方全额退还已交旅游费用，并按旅游费用的15%支付违约金；甲方在行程开始当日或者行程开始后得知的，乙方应当按旅游费用的25%支付违约金。如违约金不足以赔偿甲方的实际损失，乙方应当按实际损失对旅游者予以赔偿。"

六、安全告知书

《旅游合同》第五条（二）3，增加了"可另附安全告知书，由甲方确认签字"。我国《旅游法》第六十二条、第八十条规定了旅行社的告知、说明或警示义务，而众多的告知事项无法在《旅游合同》中全部罗列，因此增加了本款。安全告知书的编写一直是旅行社热情很高而又倍感困惑的，旅行社的办公室行政人员和营业部销售人员或者计调部门人员大都不知如何编写，原因是他们对旅游目的地的法律法规、风俗习惯、景点或游览项目等必须注意的安全事项不熟悉，甚至不知道。根据我国《旅游法》第七十九条的规定，旅游经营者对提供的产品和服务要进行安全检验、监测和评估，采取必要措施防止危害发生。通常旅游产品是地接社或旅游目的地的景区等提供的，他们对旅游目的地的法律法规、风俗习惯、景点或游览项目等须注意的安全事项较熟悉，这就要求旅游产品的设计、提供者，在设计旅游产品的同时，必须针对具体旅游目的地的各条线路，具体的景点或游览项目等，可能危及旅游者人身或财产安全的各种情形，制定出安全告知书，安全告知书的内容应包括并不限于我国《旅游法》第六十二条、第八十条规定的内容。据此，提示旅行社在订立《委托社和地接社合同》或《委托社和代理社合同》时，可将安全告知书的制定等相关内容在合同中列明，使旅游产品在销售时就附有安全告知书。

七、旅行社有权解除合同的情形

《旅游合同》第五条（二）7，增加了“甲方有下列情形之一的，乙方可以解除合同”。例如，其中第（4），旅游者从事严重影响其他旅游者权益的活动，且不听劝阻、不能制止的；旅行社可以解除合同。针对目前部分旅游者在行程中发生纠纷时，以拒绝上、下机（车、船）或拖延行程等要挟旅行社接受其要求的不当行为，提示旅行社可对上述条款补充、细化，在《旅游合同》的补充条款中填写：“在旅游活动中或者在解决纠纷时，甲方以拒绝上、下机（车、船）或拖延行程等行为，且不听乙方劝阻的；视为本合同第五条（二）7.（4）从事严重影响其他旅游者权益的活动，且不听劝阻、不能制止的行为，所产生的不利后果，由甲方自行承担；如给乙方造成损失，甲方还应当承担赔偿责任。”

八、最低成团人数

《旅游合同》第五条（二）8，增加了成团人数与不成团的约定。旅行社在填写时必须二选一，不得一项不选。例如，此团低于约定的最低成团人数不能成团的，请选择上面一项并填写具体人数。

九、旅游者解除合同及承担的必要费用

《旅游合同》第六条，增加了甲方解除合同及承担必要费用。根据我国《旅游法》第六十五条规定：“旅游行程结束前，旅游者解除合同的，组团社应当在扣除必要的费用后，将余款退还旅游者。”据此，《旅游合同》增设了第六条：甲方解除合同及承担必要费用。

为了充分体现了当事人意思自治的合同法基本原则，《旅游合同》第六条中，旅行社扣除必要费用的标准设有两个选项，必须二选一，不得一项不选。旅游者因自身原因导致合同解除，分为行前解除合同或行中解除合同两种情况。

如旅行社和旅游者需另行约定的，可选（一），如行前解除合同的，按另行约定的日期和比例填写，如行中解除合同的，按该团旅游费用的成本组成中的已经实际发生且不可退还的需扣除的费用名称填写入括号内，括号左面或右

面的“–”符号，为减号。

如旅行社和旅游者没有另行约定的，可选（二），其中（二）1 的旅游费用，是指旅游合同第四条的旅游费用总金额中，在机（车、船）票费用按实结算后，剩余的费用。

例如，旅游者由于自身原因于行程开始当日解除合同，旅游合同第四条约定的旅游费用总金额为 10000 元，旅行社举证证明已经实际发生且不可退还的需扣除的机（车、船）票费用为 5000 元，剩余的旅游费用 =10000–5000=5000 元，则扣除必要的费用 = 扣除的机（车、船）票费用 5000 元 + 剩余的旅游费用 5000 × 30%=5000+1500=6500 元，即退还旅游者费用 =10000–6500=3500 元。

其中（二）2 的旅游费用是指旅游合同第四条的旅游费用总金额。“–”“×”“÷”“+”符号，为减、乘、除、加号。

例如，旅游者参加某出境 6 天旅游，旅游合同第四条约定的旅游费用总金额为 10000 元，旅游者因自身原因旅游 4 天解除合同，则扣除必要的费用 =（10000–10000 × 30%）÷ 6 天 × 4 天 +10000 × 30%=（10000–3000）÷ 6 × 4+3000=7000 ÷ 6 × 4+3000=4666.67+3000=7666.67 元，即退还旅游者费用 =10000–7666.67=2333.33 元。

如按上述（二）1.（二）2 方式支付的必要费用低于实际发生的费用，按照实际发生的费用扣除，但最高额不应超过旅游费用总额。

甲方行程前逾期支付旅游费用超过__________日的：这里下划线处填写的日数不能超出出发日期，即旅游合同第四条中旅游费用交纳期限届满的次日至出发日期之间的日数。

十、旅行社支付违约金标准

《旅游合同》第七条（一），增加了旅行社未按法定期限提出解除合同的，向旅游者支付违约金的标准，有两个选项，这里体现了当事人意思自治的合同法基本原则，也是《旅游合同》的首次实践与创新。旅行社填写时必须二选一，不得一项不选。旅行社和旅游者需另行约定的，可选 1，按另行约定的日期和比例填写；旅行社和旅游者没有另行约定的，可选 2。

十一、旅游者申请质监所调解的期限

《旅游合同》第八条，为保障旅游者合法维权，根据《旅游投诉处理办法》相关的规定，增加了旅游者可在旅游合同结束之日起 90 天内向旅游质监机构申请调解。

十二、旅行社补充条款的内容被限制

《旅游合同》使用说明第九条规定："旅行社制定补充条款对本合同示范文本有关条款的内容进行补充、细化的，补充条款的内容不得减轻或者免除应当由旅行社承担的责任。"这是针对旅行社在现行旅游合同示范文本中附有众多补充条款，其中不乏因减轻或者免除应当由旅行社承担的责任而涉嫌霸王条款的情形，为杜绝旅行社为应对《旅游合同》而可能制定的新一轮霸王条款，《旅游合同》在使用说明中的上述规定，成为一大亮点。当然，《旅游合同》以简单实用为原则，不可能面面俱到，还需要旅行社依法制定相应的补充条款进行补充、细化，旅行社自行拟定的《旅游合同》格式条款，须报相关工商行政管理部门备案。

在旅游活动中，当事人即可使用《旅游合同》，广大旅行社应积极认真学习，推广使用。

上海市邮轮旅游合同示范文本（2015版）解析与提示

2015年8月25日，上海市旅游局和上海市工商行政管理局联合发出通知，在本市范围内推行使用《上海市邮轮旅游合同示范文本（2015版）》（以下统称《邮轮旅游合同》）。

《邮轮旅游合同》以维护旅游者与旅行社的合法权益，促进旅游市场健康发展为宗旨，以我国《旅游法》《上海市旅游条例》等相关法律、法规为依据，以邮轮旅游实践为基础，以简单实用为原则，众多突出邮轮旅游特征的内容颇具亮点。如邮轮旅游产品说明、旅游文明行为规范及船上礼仪、涉及旅游者安全及邮轮公共安全的条款等；尤其是旅游者不适合邮轮旅游情形和旅行社责任减免情形的约定，首次在旅游合同示范文本中向旅游者明示；针对近年来因发生不可抗力，邮轮变更或取消港口停靠，导致旅游者"霸船"的事件，《邮轮旅游合同》对可能发生不可抗力情形的处理，在合同中事先作出了明确约定，今后邮轮旅游中再发生不可抗力情形或者旅行社已尽合理注意义务仍不能避免的事件，导致邮轮发生延误或不能靠港等情况时，该合同条款的事先约定，为旅行社及时向旅游者发布信息，告知具体解决方案，提供了合同依据。《邮轮旅游合同》诸多条款采用填空式或多个选项式，由旅游者和旅行社自愿协商一致后填写或选择，充分体现了"当事人意思自治"的合同法基本原则，《邮轮旅游合同》刷新了制定示范文本以来的多项首次实践与创新。

笔者是《邮轮旅游合同》起草执笔人，为帮助旅行社理解和使用《邮轮旅游合同》，就《邮轮旅游合同》中主要条款内容，解析与提示如下：

一、组团方式

《邮轮旅游合同》第一条中，组团方式有自行组团和委托组团。自行组团是指委托社与旅游目的地地接社或履行辅助人签订委托合同并由其提供接待服务的邮轮旅游组团方式。

旅行社选择自行组团的，必须有与旅游目的地地接社或履行辅助人签订的委托合同，确定接待旅游者的各项服务安排及其标准，约定双方的权利、义务。

委托组团是指委托社与同资质代理社签订委托代理合同，代理社销售委托社的邮轮旅游产品的邮轮旅游组团方式。提供邮轮旅游产品的是委托社，代理销售邮轮旅游产品的是代理社。代理社与旅游者签订《邮轮旅游合同》的，应选择委托组团，并填写委托社全称及经营许可证编号。

提示：如旅行社委托组团的，错误选择了自行组团，且未在《邮轮旅游合同》中载明上述委托社的基本信息的；或者旅行社未经旅游者同意，将旅游业务作出委托的；或者未与接受委托的旅行社就接待旅游者的事宜签订委托合同的，将按照违反《旅游法》及《旅行社条例》的相关规定，处以相应的行政处罚。

二、邮轮旅游产品说明

根据我国《旅游法》第六十二条、第八十条规定的旅行社告知、说明或警示义务，《邮轮旅游合同》在第五条、第十二条中约定了邮轮旅游产品说明。

《邮轮旅游合同》第五条（一）2. 甲方应自觉遵守旅游文明行为规范，遵守邮轮旅游产品说明中的要求……4. 甲方应当遵守邮轮旅游产品说明及旅游活动中的安全警示要求……5. 甲方不得随身携带或者在行李中夹带法律、法规规定及邮轮旅游产品说明中禁止带上船的违禁品……

第五条（二）1. 乙方提供的邮轮船票或凭证、邮轮旅游产品说明等……应由甲方确认，作为本合同组成部分。4. 乙方应在出团前，以说明会等形式如实告知邮轮旅游服务项目和标准，提醒甲方遵守旅游文明行为规范、遵守邮轮旅游产品说明中的要求……

第十二条，本合同附有的……邮轮旅游产品说明……等均为合同的附件，与本合同具有同等法律效力。

邮轮旅游产品说明，应由旅游者确认收到。

邮轮旅游产品说明的制定标准？由谁来制定？

标准可以参照《旅行社服务通则》（LBT 008—2011）第5.3.1产品说明书中的内容，其中应包含注意事项等安全告知内容。

《旅游法》规定，旅游经营者对提供的产品和服务要进行安全检验、监测和评估，采取必要措施防止危害发生。根据该规定，应该是谁提供产品和服务的，谁来制作邮轮旅游产品说明。邮轮上的说明和注意事项等由邮轮公司制定，岸上游览观光的说明和注意事项等由地接社制定。

建议旅行社与邮轮公司在签订订舱合同时，明确约定邮轮旅游产品说明由谁制定，并由签订《邮轮旅游合同》的旅行社提供给旅游者；建议代理社与委托社签订代理销售邮轮旅游产品的合同时，约定由委托社提供邮轮旅游产品说明。

三、旅游文明行为规范及船上礼仪

《邮轮旅游合同》第五条（一）旅游者的权利义务中，第2项约定旅游者应遵守旅游文明行为规范，遵守邮轮旅游产品说明中的要求，尊重船上礼仪等；该条款与《邮轮旅游合同》第五条（二）第8项（3）旅游者从事违法或者违反社会公德活动的，旅行社可以解除合同，这两个条款相互对应。

提示：根据我国《旅游法》规定，导游和领队应当告知和解释旅游文明行为规范，引导旅游者健康、文明旅游，劝阻旅游者违反社会公德的行为。

国家旅游局在贯彻实施《旅游法》有关问题的解释中规定，对旅游者有不文明旅游行为且屡次不听劝阻的，视为《旅游法》规定的从事违反社会公德的行为；如给旅行社造成损失，旅行社可以要求旅游者赔偿。

2015年“五一”实施的《导游领队引导文明旅游规范》，要求导游领队应针对不文明行为及时作出处理，对于从事违法或违反社会公德活动的旅游者，或从事严重影响其他旅游者权益的活动，不听劝阻、不能制止的，根据旅行社的指示，导游领队可代表旅行社与其解除旅游合同。

因此，针对目前部分旅游者在行程中的不文明行为，旅行社可对上述条款补充、细化，在《邮轮旅游合同》的补充条款中填写：“甲方有不文明旅游行为且经乙方劝阻屡次不听的，视为本合同第五条（二）第8项（3）从事违反社会公德的行为，所产生的不利后果，由甲方自行承担；如给乙方造成损失，甲方还应当承担赔偿责任。”从合同上警示和约束旅游者的不文明行为。

四、涉及旅游者安全及公共安全的条款

《邮轮旅游合同》第五条（一）旅游者的权利义务中，第 4 项约定了旅游者应当遵守邮轮旅游产品说明及旅游活动中的安全警示要求，自觉参加并完成海上紧急救生演习等；第 5 项约定了旅游者不得携带违禁品上船，旅游者应遵守邮轮除指定吸烟区域外的其余场所均禁烟的规定；第 7 项约定了旅游者在邮轮上自行安排活动期间，应认真阅读并按照邮轮方《每日须知》（TODAY）和活动安排，自行选择邮轮上的用餐、游览、娱乐项目等，应在自己能够控制风险的范围内活动，选择能够控制风险的活动项目，并对自己的安全负责。

提示：自行安排活动期间，包括旅游经营者安排的在旅游行程中独立的自由活动期间、旅游者不参加旅游行程的活动期间以及旅游者经导游或者领队同意暂时离队的个人活动期间等。

五、从合同上约束了旅游者的“霸船”行为

《邮轮旅游合同》在第五条（一）旅游者的权利义务中，第 9 项约定了旅游者在行程中发生纠纷，应按本合同第八条“责任减免及不可抗力情形的处理”、第十一条“争议解决方式”来解决，不得损害旅行社和其他旅游者及邮轮方的合法权益，不得以拒绝上、下邮轮（机、车、船）等行为拖延行程或者脱团，不得影响港口、码头的正常秩序，否则应当就扩大的损失承担赔偿责任。该条款与《旅游合同》第五条（二）第 8 项（4）旅游者从事严重影响其他旅游者权益的活动，且不听劝阻、不能制止的；旅行社可以解除合同，这两个条款相互对应。

提示：针对目前部分旅游者在行程中发生纠纷时，以拒绝上、下机（车、船）或拖延行程等要挟旅行社接受其要求的不当行为，旅行社可对上述条款补充、细化，在《邮轮旅游合同》的补充条款中填写：“在旅游活动中或者在解决纠纷时，甲方有拒绝上、下机（车、船）或拖延行程等行为，且不听乙方劝阻的；视为本合同第五条（二）第 8 项（4）从事严重影响其他旅游者权益的活动，且不听劝阻、不能制止的行为，所产生的不利后果，由甲方自行承担；如给乙方造成损失，甲方还应当承担赔偿责任。”

六、旅行社在出团前，合同订立及合同履行中依法应尽的告知义务

《邮轮旅游合同》在第五条（二）旅行社的权利义务中，第1.2项约定了旅行社提供给旅游者的邮轮船票或凭证、邮轮旅游产品说明、登船相关文件、已订购服务清单、旅游行程单等书面材料，应由旅游者确认，作为本合同的组成部分；第4项约定了旅行社应在出团前，以说明会等形式如实告知邮轮旅游服务项目和标准，提醒甲方遵守旅游文明行为规范、遵守邮轮旅游产品说明中的要求，尊重船上礼仪和岸上旅游目的地的风俗习惯、文化传统、宗教禁忌。在合同订立及履行中，乙方应对旅游中可能危及甲方人身、财产安全的情况，作出真实说明和明确警示，并采取防止危害发生的适当措施；第5项约定了当发生延误或不能靠港等情况时，旅行社应当及时向旅游者发布信息，告知具体解决方案。

提示：行前说明是旅行社和旅游者之间前行沟通和交流的重要环节，不容忽视。2015年"五一"实施的《旅行社行前说明服务规范》首次创新规定：旅行社可以用双方见面的行前说明服务形式；也可以用不见面形式的行前说明服务，利用互联网等技术或服务手段（电子邮件、微信、QQ等形式），向旅游者送达行前说明内容的电子版本、音频、视频资料并取得旅游者接收确认，且有专门渠道、专门人员解答旅游者疑问。旅行社应在合同签署时告知旅游者行前说明服务提供的方式、时间等信息，并申明服务的重要性，促使旅游者参与。

行前说明服务过程中，旅行社应获取旅游者参与活动的签字证明或其他形式的到场记录。对所有交付给旅游者的书面告知材料，旅行社应向旅游者收取接收确认，以保证信息能有效传达。

上述材料与《邮轮旅游合同》旅行社留存联一同存档，存档要求应符合我国《旅游法》对旅游者资料保存的相关规定，至少保存两年。

七、提示旅游者不适合邮轮旅游情形

《邮轮旅游合同》第六条约定，因邮轮上没有专科医师及医疗设施，邮轮离岸后无法及时进行急救和治疗，为防止途中发生意外，甲方购买邮轮旅游产

品、接受旅游服务时，应当如实告知与邮轮旅游活动相关的个人健康信息，参加适合自身条件的邮轮旅游活动。如隐瞒有关个人健康信息参加邮轮旅游，由甲方承担相应责任。

提示：旅行社可以在《邮轮旅游合同》的补充条款中，填写对“旅游者不适合邮轮旅游的情形”进行补充、细化的约定。

八、旅游者解除合同及承担的必要费用

根据我国《旅游法》的规定，旅游行程结束前，旅游者解除合同的，组团社应当在扣除必要的费用后，将余款退还旅游者。

为此，《邮轮旅游合同》第七条约定，旅游者自身原因导致合同解除，旅行社按下列标准扣除必要费用后，将余款退还旅游者。

分为行程前解除或行程中解除合同两种情况：

（一）旅游者在行程前解除合同的，约定了日期和扣除旅游费用的比例。

提示：旅行社可参照与邮轮公司订舱合同约定的，旅行社单方面解除合同的日期和相应扣除费用的比例，与旅游者协商确定。

甲方行程前逾期支付旅游费用超过________日的：这里填写的日数不能超出出发日期，即旅游合同第四条中旅游费用交纳期限届满的次日至出发日期之间的日数。

（二）如因疾病等自身的特殊原因在行程中解除合同的，约定旅行社扣除必要费用的标准有两个选项。

提示：这里遵循了当事人意思自治的合同法基本原则，也是示范文本的创新与实践。旅行社和旅游者需另行约定的，可选 1. 括号内按照旅游费用的成本组成中的已经实际发生且不可退还的需扣除的费用名称填写，括号左面或右面的“–”符号，为减号；如旅行社和旅游者无另行约定的，可选 2. 其中“–”“×”“÷”“+”符号，为减、乘、除、加号。旅游费用是指旅游合同第四条约定的旅游费用。

九、责任减免及不可抗力情形的处理

根据我国《旅游法》的规定，订立包价旅游合同时，旅行社应当向旅游者告知旅行社依法可以减免责任的信息。为此，《邮轮旅游合同》第八条第（一）

款约定了旅行社免责的情形，这是旅游合同示范文本前所未有的突破，充分体现了我们国家民主与法制的进步。

近年来，因发生台风等不可抗力导致邮轮变更或取消港口停靠时，旅游者在邮轮上“霸船”屡有发生，旅行社和旅游者在发生不可抗力情形时，如何处理在合同中没有明确约定。据此，《邮轮旅游合同》第八条第（二）款，在订立合同时，事先约定明确对发生不可抗力情形的处理，为充分体现了当事人意思自治的合同法基本原则，如果在行程前发生的，可以选择（1）和（2）两个选项：

同意邮轮行程变更或取消部分停靠港口的，请选择（1），并在①下划线空格处按约定填写乙方退还旅游费用总额的比例。

不同意邮轮行程变更或取消部分停靠港口而解除本合同的，请选择（2），并在下划线空格处按约定填写，乙方实际退还的余款金额。

如果在行程中发生的，按上述（1）的约定处理。

提示：旅行社可以在《邮轮旅游合同》的补充条款中，填写对①②③发生不可抗力情形的处理，作出补充、细化的约定。

今后邮轮旅游中因发生不可抗力情形或者乙方、履行辅助人已尽合理注意义务仍不能避免的事件，可能导致邮轮发生延误或不能靠港等情况时，该条款的事先约定，为旅行社及时向旅游者发布信息，告知具体解决方案，提供了合同依据，这是《邮轮旅游合同》的首次创新与实践。

十、旅行社支付违约金标准

《邮轮旅游合同》第九条（一），约定了旅行社未按法定期限提出解除合同的，除退还全额旅游费用（不得扣除签证 / 签注费用）外，向旅游者支付违约金的标准。

提示：旅行社可参照与邮轮公司订舱合同约定的，邮轮公司单方面解除合同的日期和相应支付违约金的比例，与旅游者协商确定。

十一、自愿购物和参加另行付费旅游项目的约定

根据我国《旅游法》第三十五条的规定和原国家旅游局发布施行的《关于严格执行〈旅游法〉第三十五条有关规定的通知》以及《上海市旅游条例》规

定，旅行社经与旅游者协商一致或者应旅游者要求指定具体购物场所、安排另行付费旅游项目的，应当与旅游者签订书面合同，并遵守下列规范：（一）不得影响同一团队其他旅游者的行程安排；（二）不得通过指定具体购物场所和安排另行付费旅游项目获取回扣等不正当利益；（三）具体购物场所、另行付费旅游项目经营场所应当同时面向其他社会公众开放；（四）事先向旅游者明示具体购物场所、另行付费旅游项目的基本信息及可能存在的消费风险。

据此，《邮轮旅游合同》第十条，作了自愿购物和参加另行付费旅游项目的约定，并制定了附件 1 自愿购物活动补充协议和附件 2 自愿参加另行付费旅游项目补充协议。

提示：购物服务或自费项目服务的需求，可以是旅游者一方主动要求的，也可以是由旅行社提议且经旅游者认可的。旅行社与旅游者就购物服务和自费项目服务的约定，既包括出发前双方签订的旅游合同补充条款，也包括在旅游途中，由于临时起意，且经和代表旅行社的导游或领队协商一致，签订的补充书面约定。上述同时面向其他社会公众开放的具体购物场所、另行付费旅游项目经营场所以及另行付费旅游项目的基本信息及可能存在的消费风险，旅行社应当事先向旅游者明示，如商家的名称、地点、商品特色、价格水平等基本信息以及消费过程中可能存在的质量问题、售后服务等风险，以保障旅游者在充分知情的前提下，作出对自己有利的选择。附件 1 或附件 2 中，每一个购物活动或自费项目后面均须由甲方旅游者签名同意，缺一不可。

十二、附则中旅行社补充条款的内容被限制

旅行社可以制定补充条款等双方自行约定内容，填写在补充条款的方框内，填写不下的可以附页附后加盖骑缝章。但双方自行约定内容只能对本合同示范文本的条款进行补充、细化，不得减轻或者免除应当由旅行社承担的责任。

《邮轮旅游合同》以简单实用为原则，不可能面面俱到，还需要旅行社依法制定相应的补充条款进行补充、细化。旅行社自行拟定的《邮轮旅游合同》格式条款，须报相关工商行政管理部门备案。

参加邮轮旅游当事人即可使用《邮轮旅游合同》，广大旅行社应积极认真学习，推广使用。

上海市旅游包车合同示范文本（2016年修订本）修订要点解读

《上海市旅游包车合同示范文本（2016年修订本）》（以下简称《包车合同》）于2016年12月1日发布。

笔者是《包车合同》起草执笔人，为帮助旅行社理解和使用《包车合同》，就《包车合同》中主要条款内容，解析与提示如下：

《包车合同》由使用说明、合同文本（协议条款）、附件（旅游包车确认单）三部分组成。

第一部分　使用说明

一、制定依据：增加《中华人民共和国旅游法》（2013年10月1日生效实施）、《中华人民共和国道路运输条例》（2016年2月6日第二次修订实施）作为包车合同制定依据。

二、适用范围：就旅游团队提供包车服务事宜。

三、主体资格：双方具有营业执照，旅行社具备《旅行社业务经营许可证》，车辆单位具备道路旅客运输（包车）资质的《道路运输经营许可证》。

四、附件制定：本合同文本为通用条款，在有效期内可反复使用；旅行社在合同文本有效期内每次包车须制定附件（旅游包车确认单），所列事项不得减少。每次包车制定的有效附件与本合同构成一份有效的包车合同，附件与本合同具有同等的法律效力。

五、合同及其附件保存：根据《旅行社条例》实施细则的规定，保存期应当不少于两年。如未妥善保存保存期不够两年的，最低处1万元以下最高不超过3万元的罚款。

第二部分 合同文本（协议条款）

第一条（合同标的）：是具备相应资质的行驶证户名为乙方的车辆、驾驶员及服务，缺一不可。

第二条（甲方权利）：旅行社有要求客运单位按标准提供合同标的及其资质证明以及违约赔偿的权利。

第三条（甲方义务）：旅行社有提供自己资质证明及按约定付费等义务；本条下划线空白行请填写明确日期。

第四条（乙方权利）：客运单位有拒绝旅行社超额、超时、超约等以及违约赔偿的权利。

第五条（乙方义务）做了较大的修订：

第（一）款：客运单位及其合同标的有效资质证明；

旅游包车的客运单位、营运车辆、驾驶员都必须具有相应资质：客运单位除了具有营业执照外，还必须具备道路旅客运输（包车）资质的《道路运输经营许可证》；营运车辆除了具有与客运单位户名一致的《车辆行驶证》外，还必须具备道路旅客运输（包车）资质的《道路运输证》，还必须足额投保《道路客运承运人责任保险》和《机动车交通事故责任强制保险》；驾驶员除了具有准驾营运车辆的《机动车驾驶证》外，还必须具备与准驾车辆相符合的《从业资格证》；上述各种证照、保险必须在有效期内。

旅行社要重点审查的是针对旅游包车的三证，《道路运输经营许可证》《道路运输证》《从业资格证》，三证查询途径：

1. http：//www.shygc.net/ 上海市城市交通运输管理处 / 服务指南 / 省际包车企业名录，可查询客运单位的《道路运输经营许可证》

2. http：//www.shygc.net/ 上海市城市交通运输管理处 / 服务指南 / 省际包车车辆名录，可查询营运车辆的《道路运输证》

3. http：//www.shjtj.com/ 上海市道路运输从业资格证电子查询系统。可查询驾驶员的《从业资格证》。

第（二）款：按照行业标准提供车辆、委派驾驶员；

增加第（三）款：安全带、消防、救生等车辆安全设施设备并保持正常使用；根据原国家旅游局与交通运输部于 2016 年 4 月 11 日联合下发《关于进一步规范导游专座等有关事宜的通知》规定，本款增加“导游专座”约定；

增加第（四）款：根据上述通知规定，自 2016 年 8 月 1 日起，新进入道路运输市场的营运客车不得在车厢内任何位置设置折叠座椅，在用营运客车的折叠座椅不得使用；

增加第（五）款：根据我国《旅游法》第五十三条规定，应当遵守安全管理制度，在车辆显著位置明示道路旅游客运专用标识，公示经营者和驾驶人信息、道路运输管理机构监督电话等事项；

增加第（六）款：应在车厢内显著位置明示安全锤警示语及使用方法的标识、明示行车前（行车中）请系好安全带的标识；

修订第（七）款：安全锤、安全带、音响等车辆全部服务设施完备完好等；

第（十）款与本合同第三条约定相对应，下划线空白行请填写明确日期。

第七条（驾驶员义务）做了较大的修订：

增加第（四）款：严格遵守道路交通安全和道路运输管理法律法规，不超员、不超速、不超时、不疲劳驾驶。

增加第（五）款：根据原国家旅游局规定，行车之前播放《游客安全乘车温馨提示》宣传片（在原国家旅游局官网“视频专栏”下载使用 http：//www.cnta.gov.cn/spzl/xcp/201603/t20160315_763912.shtml），提醒游客阅读安全须知以及安全注意事项，提高游客安全意识。

增加第（六）款：根据《上海公共汽车和电车客运管理条例》规定，每年的六月一日至九月三十日期间和十二月一日至次年三月一日期间，以及在此期间外车厢内温度高于二十八摄氏度或者低于十二摄氏度时，应当开启车辆空调设施。除前款情形外应当开启车辆通风换气设施。

本条款引用了上海公共汽车客运管理条例的规定，包车合同具有上海特色。

增加第（七）款：营运过程中，应当在安全的规定的站点安排上下客；

增加第（九）款：根据国家旅游局《旅行社老年旅游服务规范》行业标准规定，60 周岁以上（含 60 周岁）老年旅游者，连续乘坐汽车时间不应超过 2 个小时。

第八条（车辆必备条件）做了较大的修订：

修订第（五）款：足额投保道路客运承运人责任保险、机动车交通事故责任强制保险等法定保险；

修订第（六）款：取得交通部门核发的省际包车客运标志牌；

修订第（七）款：不得超过核定载客定额载运游客。

第十条（违约责任）修订了第（五）款：

原（2011年试用版）包车合同约定：车辆、驾驶员不符合约定，或因乙方的原因导致行程延误超过 ________ 小时的，可以要求乙方调换车辆或驾驶员。原条款中没有违约责任约定，但实践中，常有营运车辆行驶证与客运单位名称不一致的挂靠车辆，或者营运车辆没有《道路运输证》、驾驶员没有《从业资格证》等情况，对客运单位来说，是明知故犯，旅行社因疏于审核选择了不合格供应商，而被处以罚款5000元至5万元；而原条款仅仅约定可以调换车辆或驾驶员，缺乏对客运单位的惩罚。

（2016年修订版）包车合同修订为：车辆、驾驶员不符合约定，或因乙方的原因导致行程延误超过 ________ 小时的，可以要求乙方调换车辆或驾驶员，乙方应当支付约定车费 _____% 的违约金；给甲方造成经济损失的，乙方还应当赔偿超出违约金部分的经济损失。该条款修订加大对客运单位违约的惩罚力度。

第十二条（争议解决方式）

本合同在履行过程中发生争议的，由双方当事人按约定协商解决。协商不成的：（一）□向 ________________ 仲裁机构申请仲裁；

（二）□向 ________________ 人民法院提起诉讼。

在上述纵列的两个选项中选一个，能够充满体现当事人的真实意思表示，建议选择第（二）项并填写甲方住所地所在的区。

第十三条（合同附则）

本合同签订后，期满双方无异议的自动顺延，一直有效；不用每年一签，方便了旅行社使用。

第三部分　附件（包车合同确认单）

附件主要修订了三处：

车辆一栏，取消“边座”，修订为：核定载客人数（不含司机和导游专座）：_____ 座；

将“营运证号”修订为“道路运输证号”；

将“包车客运标志牌号”修订限定为：“省际包车客运标志牌号”；

使附件内容更加合理。

合同编号：________________

上海市境内旅游合同
示范文本
（2013 版）

上海市工商行政管理局
上　海　市　旅　游　局　制定

使用说明

一、本合同为示范文本，供旅游者参加境内旅游（不含赴港、澳、台地区旅游及边境游）与旅行社签订团队境内旅游合同时使用。旅游者应选择具有合法经营旅游业务资格的旅行社。旅行社应具有旅游行政管理部门颁发的《旅行社业务经营许可证》和工商行政管理部门颁发的《营业执照》。

二、旅游前，旅行社应当与旅游者签订书面旅游合同，旅游者在交纳费用后，旅行社应开具发票。

三、旅游者应结合自身身体状况选择旅游产品及项目。

四、旅行社委托组团、拼团的，须事先告知旅游者并在本合同中载明。拼团，指旅行社在保证所承诺的服务内容和标准不变的前提下，在签订合同时经旅游者同意，与其他旅行社招徕的旅游者拼成一个团统一安排旅游服务的行为。

五、旅游者与旅行社通过互联网在线旅游网站签订合同的可使用本合同电子版。

六、在填写本合同第二条“行程与标准”和“旅游行程单”时，旅行社应以准确、明晰的语言表述，不得出现“准 × 星级”“相当于 × 星级”“豪华”“仅供参考”“与 ×× 同级”等模糊不确定性用语。

七、旅游者有权自主选择旅游产品和服务，有权拒绝旅行社的强制交易行为。

八、旅行社在签订合同时应注明该旅游项目所包含的景点门票及住宿、餐饮、交通标准、导游服务等相关内容。

九、旅行社制定补充条款对本合同示范文本有关条款的内容进行补充、细化的，补充条款的内容不得减轻或者免除应当由旅行社承担的责任。

十、本合同示范文本是《上海市国内旅游合同示范文本（2009 版）》修改版本，自本版本下发之日起使用，今后凡未制定新的版本前，本版本延续使用。

十一、旅游咨询与投诉机构：

1. 上海市旅游质量监督所

地　　址：中山西路 2525 号

邮　　编：200030

投诉电话：64393615.962020

2. 上海市消费者申（投）诉举报中心

举报投诉电话：12315

3. 上海市文化市场行政执法总队

地　　址：永嘉路 383 号

邮　　编：200040

旅游违法违规举报电话：12318

合同编号：＿＿＿＿＿＿＿＿

上海市境内旅游合同
（2013 版）

甲方（旅游者或旅游团体）：＿＿＿＿＿＿＿＿＿＿＿＿＿＿＿＿

乙方（旅行社）：＿＿＿＿＿＿＿＿＿＿＿＿＿＿＿＿＿＿＿＿＿＿

经营许可证编号：＿＿＿＿＿＿＿＿＿＿＿＿＿＿＿＿＿＿＿＿＿

经营范围：＿＿＿＿＿＿＿＿＿＿＿＿＿＿＿＿＿＿＿＿＿＿＿＿

为保证旅游服务质量，明确合同当事人的权利义务，根据《中华人民共和国合同法》《中华人民共和国旅游法》《旅行社条例》等有关法律、法规的规定，双方经过协商一致，达成如下协议：

第一条　合同标的

旅游产品名称＿＿＿＿＿＿＿＿＿＿＿＿＿＿＿＿＿＿＿＿＿＿＿＿＿＿。

团　号＿＿＿＿＿＿＿＿＿＿＿＿＿＿＿＿＿＿＿＿＿＿＿＿＿＿＿＿＿。

组团方式（三选一）

□ 自行组团

□ 委托组团（委托社全称＿＿＿＿＿＿＿＿＿＿＿＿＿＿＿＿＿＿）。

□ 拼　团（其他社全称＿＿＿＿＿＿＿＿＿＿＿＿＿＿＿＿＿＿＿）。

出发日期＿＿＿＿＿，出发地点＿＿＿＿＿＿＿＿＿＿＿＿＿＿＿＿＿。

途经地点（经停地点）＿＿＿＿＿＿＿＿＿＿＿＿＿＿＿＿＿＿＿＿＿。

目的地＿＿＿＿＿＿＿＿＿＿＿＿＿＿＿＿＿＿＿＿。

结束日期＿＿＿＿＿，返回地点＿＿＿＿＿＿＿＿＿＿＿＿＿＿＿＿＿。

第二条　行程与标准（乙方提供旅游行程单，须含下列要素）

景点名称和游览时间＿＿＿＿＿＿＿＿＿＿＿＿＿＿＿＿＿＿＿＿＿＿＿。

往返交通＿＿＿＿＿＿，标准＿＿＿＿＿＿＿＿＿＿＿＿＿＿＿＿＿＿＿。

游览交通＿＿＿＿＿＿，标准＿＿＿＿＿＿＿＿＿＿＿＿＿＿＿＿＿＿＿。

旅游者自由活动时间＿＿＿＿＿＿，次数＿＿＿＿＿。

住宿安排（名称）及标准和住宿天数＿＿＿＿＿＿＿＿＿＿＿＿＿＿＿。

用餐次数＿＿＿，标准＿＿＿＿＿＿＿＿＿＿＿＿＿＿＿＿＿＿＿＿＿＿。

地接社名称＿＿＿＿＿＿，地址＿＿＿＿＿＿＿＿，

地接社联系人＿＿＿＿＿，联系电话＿＿＿＿＿＿＿。

导游服务（□全陪；□地陪）。

第三条　旅游者保险

乙方提示甲方购买旅游意外险。经乙方推荐，甲方（应填同意或不同意，打钩无效）委托乙方办理个人投保的旅游意外保险。

保险公司及产品名称：＿＿＿＿＿＿＿＿＿＿。

保险金额：＿元，保险费：＿元。

第四条　旅游费用及其支付

甲方应交纳旅游费用＿＿＿元，大写＿＿＿＿＿＿＿元。（含导游服务费用＿＿＿＿元/人，合计＿＿＿＿元）。

旅游费用交纳期限＿＿＿＿＿＿＿＿＿＿＿＿＿。

旅游费用交纳方式　□现金；□支票；□信用卡；

□其他＿＿＿＿＿＿＿＿＿。

第五条　双方的权利义务

（一）甲方的权利与义务

1. 甲方应自觉遵守旅游文明行为规范，尊重旅游目的地的风俗习惯、文化传统和宗教禁忌，爱护旅游资源，保护生态环境。甲方在旅游活动中应遵守《中国公民国内旅游文明行为公约》和安全警示规定，遵守团队纪律，配合乙方完成合同约定的旅游行程。

2. 甲方有权知悉其购买的旅游产品和服务的真实情况，有权要求乙方按照约定提供产品和服务，拒绝乙方未经协商一致指定具体购物场所，安排另行付费旅游项目的行为。

3. 甲方有权拒绝乙方未经事先协商一致的转团、拼团行为。

4. 在旅游过程中，甲方应自行保管好随身携带的财物。

5. 在自行安排活动期间，甲方应在自己能够控制风险的范围内活动，选择自己能够控制风险的活动项目，并对自己的安全负责。

6. 行程中发生纠纷，甲方应与乙方平等协商解决，不得损害乙方的合法权益，不得以拒绝上、下机（车、船）等行为拖延行程或者脱团，否则应当就扩大的损失承担赔偿责任。

7. 甲方在签订合同或者填写各种材料时，应当使用有效身份证件，并对填写信息的真实性、有效性负责。限制民事行为能力人单独出行的，须由监护人书面同意。

8. 甲方购买旅游产品、接受旅游服务时，应当如实告知与旅游活动相关的个人健康信息，参加适合自身条件的旅游活动，遵守旅游活动中的安全警示要求，配合有关部门、机构或乙方采取的安全防范和应急处理措施。

9. 甲方不能成行的，可以让具备参加本次旅游条件的第三人代为履行合同，并及时通知乙方。因代为履行合同增加或减少的费用，双方应按实结算。

（二）乙方的权利与义务

1. 乙方不得以不合理的低价组织旅游活动，诱骗旅游者，并通过安排购物或者另行付费旅游项目获取回扣等不正当利益。

2. 乙方提供旅游行程单应与本合同团号一致，经双方签字或者盖章确认后作为本合同的组成部分。

3. 乙方应在出团前，如实告知相关旅游服务项目和标准，提醒甲方遵守旅游文明行为规范，尊重旅游目的地的风俗习惯、文化传统、宗教禁忌。在合同订立时及履行中，乙方应对旅游中可能危及甲方人身、财产安全的情况，作出真实说明和明确警示，并采取防止危害发生的适当措施（可另附安全告知书，由甲方确认签字）。

4. 甲方属老年人等特殊群体凭有效证件可享受旅游景点门票优惠的，双方对该旅游景点门票价格可在补充条款中另行约定。

5. 因航空、轮船、铁路运输等费用遇政策性调价导致合同总价发生变更的，双方应按实结算。

6. 乙方按照合同约定，为旅游团队委派的导游人员，应持有国家规定的导游证。

7. 甲方有下列情形之一的，乙方可以解除合同：

（1）患有传染病等疾病，可能危害其他旅游者健康和安全的；

（2）携带危害公共安全的物品且不同意交有关部门处理的；

（3）从事违法或者违反社会公德的活动的；

（4）从事严重影响其他旅游者权益的活动，且不听劝阻、不能制止的；

（5）法律规定的其他情形。

因前款情形解除合同的，乙方应当按本合同第六条扣除必要的费用后，将余款退还甲方；给乙方造成损失的，甲方应当依法承担赔偿责任。

8. 成团人数与不成团的约定（二选一）

□ 最低成团人数____人；低于此人数不能成团时，乙方应当提前 7 日通知甲方，本合同解除，向甲方退还已收取的全部费用。

□ 本团成团不受最低人数限制。

第六条　甲方解除合同及承担必要费用

因甲方自身原因导致合同解除，乙方按下列标准扣除必要费用后，将余款退还甲方（二选一）

□（一）双方可以进行约定并从其约定：

1. 在行程前解除合同的，必要的费用扣除标准为：

（1）行程前____日至____日，旅游费用____%；

（2）行程前____日至____日，旅游费用____%；

（3）行程开始当日，旅游费用____%。

甲方行程前逾期支付旅游费用超过____日的，或者甲方未按约定时间到达约定集合出发地点，也未能在中途加入旅游团队的，乙方可以视为甲方解除合同，乙方可以按本款约定扣除必要的费用后，将余款退还甲方。

2. 在行程中解除合同的，必要的费用扣除标准为：

旅游费用 -（　　　　）-（　　　　）-（　　　　）

□（二）双方没有约定的，按照下列标准扣除必要的费用。

1. 在行程前解除合同的，机（车、船）票费用按实结算后，其余必要的费用扣除标准为：

（1）行程前 7 日至 4 日，旅游费用 10%；

（2）行程前 3 日至 1 日，旅游费用 20%；

（3）行程开始当日，旅游费用 30%。

甲方行程前逾期支付旅游费用超过____日的，或者甲方未按约定时间到达约定集合出发地点，也未能在中途加入旅游团队的，乙方可以视为甲方解除合同，乙方可以按本款规定扣除必要的费用后，将余款退还甲方。

2. 在行程中解除合同的，必要的费用扣除标准为：

（旅游费用 - 旅游费用 × 行程开始当日扣除比例）÷ 旅游天数 × 已经出游的天数 + 旅游费用 × 行程开始当日扣除比例。

如按上述 1.2 方式支付的必要的费用低于实际发生的费用，按照实际发生的费用扣除，但最高额不应超过旅游费用总额。

行程前解除合同的，乙方扣除必要的费用后，应当在合同解除之日起____个工作日内向甲方退还剩余旅游费用；

行程中解除合同的，乙方扣除必要的费用后，应当在协助甲方返回出发地或者到达甲方指定的合理地点后____个工作日内向甲方退还剩余旅游费用。

第七条　违约责任

（一）乙方在行程前 7 日以内（不含第 7 日，下同）提出解除合同的，向甲方退还全额旅游费用，并按下列标准向甲方支付违约金（二选一）。

□ 1. 双方可以进行约定并从其约定。

（1）行程前____日至____日，支付旅游费用总额____% 的违约金；

（2）行程前____日至____日，支付旅游费用总额____% 的违约金；

（3）行程开始当日，支付旅游费用总额____% 的违约金。

□ 2. 双方没有约定的，按照下列标准承担违约责任。

（1）行程前 7 日至 4 日，支付旅游费用 10% 的违约金；

（2）行程前 3 日至 1 日，支付旅游费用总额 15% 的违约金；

（3）行程开始当日，支付旅游费用 20% 的违约金。

如上述违约金不足以赔偿甲方的实际损失，乙方应当按实际损失对甲方予以赔偿。

乙方应当在取消出团通知到达日起____个工作日内，向甲方退还全额旅游费用并支付违约金。

（二）甲方逾期支付旅游费用的，应当每日按照逾期支付部分旅游费用的____%，向乙方支付违约金。

（三）甲方提供的个人信息及相关材料不真实而造成损失，由其自行承担；

如给乙方造成损失的，甲方还应当承担赔偿责任。

（四）甲方因不听从乙方的劝告、提示而影响团队行程，给乙方造成损失的，应当承担相应的赔偿责任。

（五）乙方未按合同约定标准提供交通、住宿、餐饮等服务，或者未经甲方同意调整旅游行程，给甲方造成损失的，责任由乙方承担。

（六）乙方未经甲方同意，擅自将旅游者转团、拼团的，甲方在行程前（不含当日）得知的，有权解除合同，乙方全额退还已交旅游费用，并按旅游费用的 15% 支付违约金；甲方在行程开始当日或者行程开始后得知的，乙方应当按旅游费用的 25% 支付违约金。如违约金不足以赔偿甲方的实际损失，乙方应当按实际损失对旅游者予以赔偿。

（七）乙方未经与甲方协商一致或者未经甲方要求，指定具体购物场所或安排另行付费旅游项目的，甲方有权在旅游行程结束后三十日内，要求乙方为其办理退货并先行垫付退货货款，或者退还另行付费旅游项目的费用。

（八）乙方具备履行条件，经甲方要求仍拒绝履行合同，造成甲方人身损害、滞留等严重后果的，甲方除要求乙方承担相应的赔偿责任外，还可以要求乙方支付旅游费用____倍（一倍以上三倍以下）的赔偿金。

（九）其他违约责任：________________________________。

第八条　争议解决方式

双方发生争议的，可协商解决，也可在旅游合同结束之日起 90 天内向旅游质监机构申请调解，也可向消费者协会等有关部门或者机构申请调解，或提请上海仲裁委员会仲裁（不愿意仲裁而选择向法院提起诉讼的，请双方在签署合同时将此仲裁条款划去）。

第九条　附则

本合同自双方签字或盖章之日起生效，本合同附有行程单、安全告知书和补充条款均为合同的附件，与本合同具有同等的法律效力。

补充条款

甲方签字（盖章）：______ 乙方签字（盖章）：______

住　　所：______ 营业场所：______

甲方代表：______ 乙方代表（经办人）：______

联系电话：______ 联系电话：______

邮　　编：______ 邮　　编：______

日　　期：______ 日　　期：______

合同编号：________________

上海市出境旅游合同
示范文本
（2013 版）

上海市工商行政管理局
上　海　市　旅　游　局　制定

使用说明

一、本合同为示范文本，供旅游者参加出境旅游（不含赴台湾地区旅游）与旅行社签订团队出境旅游合同时使用。旅游者应选择具有合法经营出境旅游业务资格的旅行社。旅行社应具有旅游行政管理部门颁发的《旅行社业务经营许可证》和工商行政管理部门颁发的《营业执照》。

二、旅游前，旅行社应当与旅游者签订书面旅游合同，旅游者在交纳费用后，旅行社应开具发票。

三、旅游者应结合自身身体状况选择旅游产品及项目。

四、旅行社委托组团、拼团的，须事先告知旅游者并在本合同中载明。拼团，指出境社在保证所承诺的服务内容和标准不变的前提下，在签订合同时经旅游者同意，与其他出境社招徕的旅游者拼成一个团统一安排旅游服务的行为。

五、旅游者与旅行社通过互联网在线旅游网站签订合同的可使用本合同电子版。

六、在填写本合同第二条“行程与标准”和“旅游行程单”时，旅行社应以准确、明晰的语言表述，不得出现“准 × 星级”“相当于 × 星级”“豪华”“仅供参考”“与 × × 同级”等模糊不确定性用语。

七、旅游者有权自主选择旅游产品和服务，有权拒绝旅行社的强制交易行为。

八、旅行社在签订合同时应注明该旅游项目所包含的景点门票及住宿、餐饮、交通标准、导游服务等相关内容。

九、旅行社制定补充条款对本合同示范文本有关条款的内容进行补充、细化的，补充条款的内容不得减轻或者免除应当由旅行社承担的责任。

十、本合同示范文本是《上海市出境旅游合同示范文本（2004 版）》修改版本，自本版本下发之日起使用，今后凡未制定新的版本前，本版本延续使用。

十一、旅游咨询与投诉机构：

1. 上海市旅游质量监督所

地　　址：中山西路 2525 号

邮　　编：200030

投诉电话：64393615.962020

2. 上海市消费者申（投）诉举报中心

举报投诉电话：12315

3. 上海市文化市场行政执法总队

地　　址：永嘉路 383 号

邮　　编：200040

旅游违法违规举报电话：12318

合同编号：__________

上海市出境旅游合同
（2013 版）

甲方（旅游者或旅游团体）：__________

乙方（旅行社）：__________

经营许可证编号：__________

经营范围：__________

根据《中华人民共和国合同法》《中华人民共和国旅游法》《旅行社条例》及其他有关法律、法规的规定，双方在平等自愿、协商一致的基础上，签订本合同。

第一条　合同标的

旅游产品名称__________。

团号__________。

组团方式（三选一）

☐ 自行组团

☐ 委托组团（委托社全称__________）。

☐ 拼　　团（其他社全称__________）。

出发日期__________，出发地点__________。

途经地点（经停地点）__________。

目的地__________。

结束日期__________，返回地点__________。

第二条　行程与标准（乙方提供旅游行程单，须含下列要素）

景点名称和游览时间__________。

往返交通____________，标准_________________。

游览交通____________，标准_________________。

旅游者自由活动时间_______，次数____________。

住宿安排（名称）及标准和住宿天数____________________________。

用餐次数________，标准__________________________。

地接社名称___________，地址__________________，

地接社联系人_________，联系电话______________。

第三条　旅游者保险

乙方提示甲方购买旅游意外险。经乙方推荐，甲方（应填同意或不同意，打钩无效）委托乙方办理个人投保的旅游意外保险。

保险公司及产品名称__________________________。

保险金额________元，保险费________元。

第四条　旅游费用及其支付

甲方应交纳旅游费用_______元，大写______________元。（含领队、导游服务费用________元 / 人，合计________元）。

旅游费用交纳期限_____________________________。

旅游费用交纳方式　☐现金；☐支票；☐信用卡；

☐其他____。

第五条　双方的权利义务

（一）甲方的权利与义务

1. 甲方应自觉遵守旅游文明行为规范，尊重旅游目的地的风俗习惯、文化传统和宗教禁忌，爱护旅游资源，保护生态环境。甲方在旅游活动中应遵守《中国公民出国（境）旅游文明行为指南》和安全警示规定，遵守团队纪律，配合乙方完成合同约定的旅游行程。

2. 甲方有权知悉其购买的旅游产品和服务的真实情况，有权要求乙方按照约定提供产品和服务，拒绝乙方未经协商一致指定具体购物场所，安排另行付费旅游项目的行为。

3. 甲方有权拒绝乙方未经事先协商一致的转团、拼团行为。

4. 在旅游过程中，甲方应自行保管好随身携带的财物。

5. 在自行安排活动期间，甲方应在自己能够控制风险的范围内活动，选择

自己能够控制风险的活动项目，并对自己的安全负责。

6. 行程中发生纠纷，甲方应与乙方平等协商解决，不得损害乙方的合法权益，不得以拒绝上、下机（车、船、邮轮）等行为拖延行程或者脱团，否则应当就扩大的损失承担赔偿责任。

7. 甲方在签订合同或者填写各种材料时，应当使用有效身份证件，并对填写信息的真实性、有效性负责。限制民事行为能力人单独出行的，须由监护人书面同意。

8. 甲方购买旅游产品、接受旅游服务时，应当如实告知与旅游活动相关的个人健康信息，参加适合自身条件的旅游活动，遵守旅游活动中的安全警示要求，配合有关部门、机构或乙方采取的安全防范和应急处理措施。

9. 甲方向乙方提交的出入境证件应当符合相关规定。甲方不得在境外非法滞留，不得擅自分团、脱团。

10. 甲方不能成行的，可以让具备参加本次旅游条件的第三人代为履行合同，并及时通知乙方。因代为履行合同增加或减少的费用，双方应按实结算。

（二）乙方的权利与义务

1. 乙方不得以不合理的低价组织旅游活动，诱骗旅游者，并通过安排购物或者另行付费旅游项目获取回扣等不正当利益。

2. 乙方提供旅游行程单应与本合同团号一致，经双方签字或者盖章确认后作为本合同的组成部分。

3. 乙方应在出团前，以说明会等形式如实告知相关旅游服务项目和标准，提醒甲方遵守旅游文明行为规范，尊重旅游目的地的风俗习惯、文化传统、宗教禁忌。在合同订立时及履行中，乙方应对旅游中可能危及甲方人身、财产安全的情况，作出真实说明和明确警示，并采取防止危害发生的适当措施（可另附安全告知书，由甲方确认签字）。

4. 乙方应妥善保管甲方提交的各种证件，依法对甲方信息保密。

5. 因航空、轮船、铁路运输等费用遇政策性调价导致合同总价发生变更的，双方应按实结算。

6. 乙方为甲方安排符合法律法规规定的领队人员。

7. 甲方有下列情形之一的，乙方可以解除合同：

（1）患有传染病等疾病，可能危害其他旅游者健康和安全的；

（2）携带危害公共安全的物品且不同意交有关部门处理的；

（3）从事违法或者违反社会公德的活动的；

（4）从事严重影响其他旅游者权益的活动，且不听劝阻、不能制止的；

（5）法律规定的其他情形。

因前款情形解除合同的，乙方应当按本合同第六条扣除必要的费用后，将余款退还甲方；给乙方造成损失的，甲方应当依法承担赔偿责任。

8. 成团人数与不成团的约定（二选一）

□ 最低成团人数____人；低于此人数不能成团时，乙方应当提前 30 日通知甲方，本合同解除，向甲方退还已收取的全部费用。

□ 本团成团不受最低人数限制。

第六条 甲方解除合同及承担必要费用

因甲方自身原因导致合同解除，乙方按下列标准扣除必要费用后，将余款退还甲方（二选一）

□（一）双方可以进行约定并从其约定：

1. 在行程前解除合同的，必要的费用扣除标准为：

（1）行程前____日至____日，旅游费用____%；

（2）行程前____日至____日，旅游费用____%；

（3）行程前____日至____日，旅游费用____%；

（4）行程前____日至____日，旅游费用____%；

（5）行程开始当日，旅游费用____%。

甲方行程前逾期支付旅游费用超过____日的，或者甲方未按约定时间到达约定集合出发地点，也未能在中途加入旅游团队的，乙方可以视为甲方解除合同，乙方可以按本款规定扣除必要的费用后，将余款退还甲方。

2. 在行程中解除合同的，必要的费用扣除标准为：

旅游费用 –（________）–（________）–（________）–（________）

□（二）双方没有约定的，按照下列标准扣除必要的费用。

1. 在行程前解除合同的，机（车、船）票费用按实结算后，其余必要的费用扣除标准为：

（1）行程前 30 日至 15 日，旅游费用 5%；

（2）行程前 14 日至 7 日，旅游费用 10%；

（3）行程前6日至4日，旅游费用15%；

（4）行程前3日至1日，旅游费用25%；

（5）行程开始当日，旅游费用30%。

甲方行程前逾期支付旅游费用超过____日的，或者甲方未按约定时间到达约定集合出发地点，也未能在中途加入旅游团队的，乙方可以视为甲方解除合同，乙方可以按本款规定扣除必要的费用后，将余款退还甲方。

2. 在行程中解除合同的，必要的费用扣除标准为：

（旅游费用－旅游费用 × 行程开始当日扣除比例）÷ 旅游天数 × 已经出游的天数＋旅游费用 × 行程开始当日扣除比例。

如按上述1.2方式支付的必要费用低于实际发生的费用，按照实际发生的费用扣除，但最高额不应超过旅游费用总额。

行程前解除合同的，乙方扣除必要费用后，应当在合同解除之日起____个工作日内向甲方退还剩余旅游费用；

行程中解除合同的，乙方扣除必要费用后，应当在协助甲方返回出发地或者到达甲方指定的合理地点后____个工作日内向甲方退还剩余旅游费用。

第七条 违约责任

（一）乙方在行程前30日以内（不含第30日，下同）提出解除合同的，向甲方退还全额旅游费用（不得扣除签证／签注等费用），并按下列标准向甲方支付违约金（二选一）。

□1. 双方可以进行约定并从其约定。

（1）行程前____日至____日，支付旅游费用总额____%的违约金；

（2）行程前____日至____日，支付旅游费用总额____%的违约金；

（3）行程前____日至____日，支付旅游费用总额____%的违约金；

（4）行程前____日至____日，支付旅游费用总额____%的违约金；

（5）行程开始当日，支付旅游费用总额____%的违约金。

□2. 双方没有约定的，按照下列标准承担违约责任。

（1）行程前30日至15日，支付旅游费用2%的违约金；

（2）行程前14日至7日，支付旅游费用5%的违约金；

（3）行程前6日至4日，支付旅游费用10%的违约金；

（4）行程前3日至1日，支付旅游费用总额15%的违约金；

（5）行程开始当日，支付旅游费用 20% 的违约金。

如上述违约金不足以赔偿甲方的实际损失，乙方应当按实际损失对甲方予以赔偿。

乙方应当在取消出团通知到达日起____个工作日内，向甲方退还全额旅游费用并支付违约金。

（二）甲方逾期支付旅游费用的，应当每日按照逾期支付的旅游费用的____%，向乙方支付违约金。

（三）甲方提供的个人信息及相关材料不真实而造成损失，由其自行承担；如给乙方造成损失的，甲方还应当承担赔偿责任。

（四）甲方因不听从乙方的劝告、提示而影响团队行程，给乙方造成损失的，应当承担相应的赔偿责任。

（五）乙方未按合同约定标准提供交通、住宿、餐饮等服务，或者未经甲方同意调整旅游行程，给甲方造成损失的，责任由乙方承担。

（六）乙方未经甲方同意，擅自将旅游者转团、拼团的，甲方在行程前（不含当日）得知的，有权解除合同，乙方全额退还已交旅游费用，并按旅游费用的 15% 支付违约金；甲方在行程开始当日或者行程开始后得知的，乙方应当按旅游费用的 25% 支付违约金。如违约金不足以赔偿甲方的实际损失，乙方应当按实际损失对旅游者予以赔偿。

（七）乙方未经与甲方协商一致或者未经甲方要求，指定具体购物场所或安排另行付费旅游项目的，甲方有权在旅游行程结束后三十日内，要求乙方为其办理退货并先行垫付退货货款，或者退还另行付费旅游项目的费用。

（八）乙方具备履行条件，经甲方要求仍拒绝履行合同，造成甲方人身损害、滞留等严重后果的，甲方除要求乙方承担相应的赔偿责任外，还可以要求乙方支付旅游费用____倍（一倍以上三倍以下）的赔偿金。

（九）其他违约责任：________________________________。

第八条　争议解决方式

双方发生争议的，可协商解决，也可在旅游合同结束之日起 90 天内向旅游质监机构申请调解，也可向消费者协会等有关部门或者机构申请调解，或提请上海仲裁委员会仲裁（不愿意仲裁而选择向法院提起诉讼的，请双方在签署合同时将此仲裁条款划去）。

第九条 附则

本合同自双方签字或盖章之日起生效，本合同附有行程单、安全告知书和补充条款均为合同的附件，与本合同具有同等的法律效力。

补充条款

甲方签字（盖章）：______ 乙方签字（盖章）：______

住　　所：______ 营业场所：______

甲方代表：______ 乙方代表（经办人）：______

联系电话：______ 联系电话：______

邮　　编：______ 邮　　编：______

日　　期：______ 日　　期：______

合同编号：________

上海市邮轮旅游合同

示范文本

（2015 版）

上海市工商行政管理局
上 海 市 旅 游 局 制定

使用说明

一、本合同示范文本供旅游者参加邮轮旅游与旅行社签订包价旅游合同时使用。旅游者应选择具有经营旅游业务相应资格的旅行社。旅行社应具有旅游行政管理部门颁发的《旅行社业务经营许可证》和工商行政管理部门颁发的《营业执照》。经营出境旅游的旅行社应具有经营出境旅游业务资格；经营赴台湾地区旅游的旅行社除了应具有上述经营出境旅游业务资格外，还应具有组织大陆居民赴台湾地区旅游的经营资格。

二、旅游前，旅行社应当与旅游者签订书面旅游合同，本合同及其附件均应使用中文文本。旅游者在交纳旅游费用后，旅行社应开具发票。

三、旅游者在自行安排活动期间，应结合自身身体状况选择邮轮上的活动项目。旅游者应选择适合自身身体状况的岸上旅游产品及项目。

四、旅行社委托组团，须事先告知旅游者并在本合同中载明。

五、旅游者与旅行社也可使用本合同电子版。

六、在填写本合同第二条“行程与标准”和“旅游行程单”时，旅行社应以准确、明晰的语言表述，不得出现“准 × 星级”“相当于 × 星级”“仅供参考”“与 × × 同级”等模糊不确定性用语。

七、旅游者有权自主选择旅游产品和服务，有权拒绝旅行社的强制交易行为。

八、在签订合同时，双方应当结合具体情况选择本合同协议条款中所提供的选择项，条款前有“□”符号的，甲乙双方应当协商选定。双方选定的条款，应当在“□”中画“√”；双方不选的条款，应当在“□”中画“×”；条款中有空格处的，供双方自行约定并填写完整，对双方不予约定的空格处，应当画“×”以示没有特别约定。

九、旅行社制定补充条款等双方自行约定内容对本合同示范文本有关条款的内容进行补充、细化的，自行约定内容不得减轻或者免除应当由旅行社承担的责任。

十、本合同示范文本自 2015 年 8 月 25 日起使用。今后凡未制定新的版本前，本版本延续使用。

十一、旅游咨询与投诉机构：

1. 上海市旅游质量监督所

地址：中山南二路 2419 号 B1 楼　邮编：200232

投诉电话：64393615.962020

2. 上海市消费者申（投）诉举报中心

举报投诉电话：12315

3. 上海市文化市场行政执法总队

地址：永嘉路 383 号　邮编：200031

旅游违法违规举报电话：12318

合同编号：________________

上海市邮轮旅游合同
（2015版）

甲方（旅游者或旅游团体）：________________

乙方（旅行社）：________________

经营许可证编号：________________

经营范围：________________

根据《中华人民共和国合同法》《中华人民共和国旅游法》《旅行社条例》《上海市旅游条例》及其他有关法律、法规的规定，甲乙双方在平等自愿、协商一致的基础上，签订本合同。

第一条　合同标的

邮轮产品名称________________。

团号：________________。

组团方式（二选一）

□自行组团

□委托组团（委托社全称及经营许可证编号________________）。

出发日期________，出发地点________________。

邮轮途中停靠港口________________。

岸上游览地点________________。

结束日期________，返回地点________________。

第二条　行程与标准（乙方提供旅游行程单，须含下列要素）

邮轮上舱位类型及标准和住宿天数________________。

邮轮上用餐次数________，标准______________________。

岸上景点名称和游览时间______________________。

岸上往返交通____________，标准____________________。

岸上游览交通____________，标准____________________。

岸上旅游者自由活动时间________，次数________。

岸上住宿安排（名称）及标准和住宿天数____________________________
____。

岸上用餐次数__________，标准______________________。

岸上地接社名称________________________________，地址
____，

岸上地接社联系人________，联系电话______________。

第三条　旅游者保险

乙方提示甲方购买人身意外伤害保险和邮轮旅游意外保险。经乙方推荐，甲方已经阅读并明确知晓上述保险的保险条款及其保单内容。甲方__________（应填同意或不同意，打钩无效）委托乙方办理个人投保的人身意外伤害保险；甲方__________（应填同意或不同意，打钩无效）委托乙方办理个人投保的邮轮旅游意外保险。

保险公司及产品名称______________________________________
____。

保险费人民币________元/人。

相关投保信息和约定以保单及其保险条款为准。

第四条　旅游费用及其支付（以人民币为计算单位）

旅游费用包括：□邮轮船票费（含邮轮上指定的舱位、餐饮、游览娱乐项目和设施等）；□船上服务费（小费）；□港务费；□签证费；□签注费；□乙方统一安排岸上游览景区景点的门票费、□交通费、□住宿费、□餐费；□其他费用____
____。

甲方应交纳旅游费用________元，大写________________元。

旅游费用交纳期限__________________________。

旅游费用交纳方式：□现金；□支票；□信用卡；

□其他____。

第五条 双方的权利义务

（一）甲方的权利义务

1. 甲方有权知悉其购买的邮轮及岸上旅游产品和服务的真实情况，有权要求乙方按照约定提供产品和服务；有权拒绝乙方未经协商一致指定具体购物场所、安排另行付费旅游项目的行为；有权拒绝乙方未经事先协商一致将旅游业务委托给其他旅行社。

2. 甲方应自觉遵守旅游文明行为规范，遵守邮轮旅游产品说明中的要求，尊重船上礼仪和岸上旅游目的地的风俗习惯、文化传统和宗教禁忌，爱护旅游资源，保护生态环境；遵守《中国公民出国（境）旅游文明行为指南》等文明行为规范。甲方在旅游活动中应遵守团队纪律，配合乙方完成合同约定的旅游行程。

3. 甲方在签订合同或者填写材料时，应当使用有效身份证件，提供家属或其他紧急联络人的联系方式等，并对填写信息的真实性、有效性负责。限制民事行为能力人单独或由非监护人陪同参加旅游的，须征得监护人的书面同意；监护人或者其他负有监护义务的人，应当保护随行未成年旅游者的安全。

4. 甲方应当遵守邮轮旅游产品说明及旅游活动中的安全警示要求，自觉参加并完成海上紧急救生演习，对有关部门、机构或乙方采取的安全防范和应急处置措施予以配合。

5. 甲方不得随身携带或者在行李中夹带法律、法规规定及邮轮旅游产品说明中禁止带上船的违禁品。甲方应遵守邮轮禁烟规定，除指定的吸烟区域外，其余场所均禁止吸烟。

6. 在邮轮旅游过程中，甲方应妥善保管随身携带的财物。

7. 在邮轮上自行安排活动期间，甲方应认真阅读并按照邮轮方《每日须知》和活动安排，自行选择邮轮上的用餐、游览、娱乐项目等。在自行安排活动期间，甲方应在自己能够控制风险的范围内活动，选择能够控制风险的活动项目，并对自己的安全负责。

8. 甲方参加邮轮旅游以及岸上游览必须遵守集合出发和返回邮轮时间，按时到达集合地点。

9. 行程中发生纠纷，甲方应按本合同第八条、第十一条约定的方式解决，不得损害乙方和其他旅游者及邮轮方的合法权益，不得以拒绝上、下邮轮（机、车、船）等行为拖延行程或者脱团，不得影响港口、码头的正常秩序，否则应当就扩大的损失承担赔偿责任。

10. 甲方向乙方提交的出入境证件应当符合相关规定。甲方不得在境外非法滞留，随团出游的，不得擅自分团、脱团。

11. 甲方不能成行的，可以让具备参加本次邮轮旅游条件的第三人代为履行合同，并及时通知乙方。因代为履行合同增加或减少的费用，双方应按实结算。

（二）乙方的权利义务

1. 乙方提供的邮轮船票或凭证、邮轮旅游产品说明、登船相关文件、已订购服务清单，应由甲方确认，作为本合同组成部分。

2. 乙方提供旅游行程单，经双方签字或者盖章确认后作为本合同组成部分。

3. 乙方不得以不合理的低价组织旅游活动，诱骗甲方，并通过安排购物或者另行付费旅游项目获取回扣等不正当利益。

4. 乙方应在出团前，以说明会等形式如实告知邮轮旅游服务项目和标准，提醒甲方遵守旅游文明行为规范、遵守邮轮旅游产品说明中的要求，尊重船上礼仪和岸上旅游目的地的风俗习惯、文化传统、宗教禁忌。在合同订立及履行中，乙方应对旅游中可能危及甲方人身、财产安全的情况，作出真实说明和明确警示，并采取防止危害发生的适当措施。

5. 当发生延误或不能靠港等情况时，乙方应当及时向甲方发布信息，告知具体解决方案。

6. 乙方应妥善保管甲方提交的各种证件，依法对甲方信息保密。

7. 因航空、港务费、燃油价格等费用遇政策性调价导致合同总价发生变更的，双方应按实结算。

8. 甲方有下列情形之一的，乙方可以解除合同：

（1）患有传染病等疾病，可能危害其他旅游者健康和安全的；

（2）携带危害公共安全的物品且不同意交有关部门处理的；

（3）从事违法或者违反社会公德的活动的；

（4）从事严重影响其他旅游者权益的活动，且不听劝阻、不能制止的；

（5）法律规定的其他情形。

因前款情形解除合同的，乙方应当按本合同第七条扣除必要的费用后，将余款退还甲方；给乙方造成损失的，甲方应当依法承担赔偿责任。

9. 成团人数与不成团的约定（二选一）

□最低成团人数____人；低于此人数不能成团时，乙方应当提前30日通知甲方，本合同解除，向甲方退还已收取的全部费用。

□本团成团不受最低人数限制。

第六条 甲方不适合邮轮旅游的情形

因邮轮上没有专科医师及医疗设施，邮轮离岸后无法及时进行急救和治疗，为防止途中发生意外，甲方购买邮轮旅游产品、接受旅游服务时，应当如实告知与邮轮旅游活动相关的个人健康信息，参加适合自身条件的邮轮旅游活动。如隐瞒有关个人健康信息参加邮轮旅游，由甲方承担相应责任。

第七条 甲方解除合同及承担必要费用

因甲方自身原因导致合同解除，乙方按下列标准扣除必要费用后，将余款退还甲方：

（一）甲方在行程前解除合同的，双方约定扣除必要费用的标准为：

1. 行程前______日至______日，旅游费用______%；

2. 行程前______日至______日，旅游费用______%；

3. 行程前______日至______日，旅游费用______%；

4. 行程前______日至______日，旅游费用______%；

5. 行程开始当日，旅游费用______%。

甲方行程前逾期支付旅游费用超过______日的，或者甲方未按约定时间到达约定集合出发地点，也未能在中途加入旅游的，乙方有权解除合同，乙方可以按本款规定扣除必要的费用后，将余款退还甲方。

（二）甲方因疾病等自身的特殊原因，导致在行程中解除合同的，必要的费用扣除标准为：（二选一）

□ 1. 双方可以进行约定并从其约定：

旅游费用－（____）－（____）－（____）－（____）

□ 2. 双方未约定的，按照下列标准扣除必要的费用。

旅游费用 × 行程开始当日扣除比例＋（旅游费用－旅游费用 × 行程开始

当日扣除比例）÷ 旅游天数 × 已经出游的天数。

如按上述（一）或（二）约定标准扣除的必要费用低于实际发生的费用，按照实际发生的费用扣除，但最高额不应当超过旅游费用总额。

行程前解除合同的，乙方扣除必要费用后，应当在合同解除之日起______个工作日内向甲方退还剩余旅游费用。

行程中解除合同的，乙方扣除必要费用后，应当在协助甲方返回出发地或者到达甲方指定的合理地点后______个工作日内向甲方退还剩余旅游费用。

第八条　责任减免及不可抗力情形的处理

（一）具有下列情形的旅行社免责

1. 因甲方原因造成自己人身损害、财产损失或造成他人损失的，由甲方承担相应责任，但乙方应协助处理。

2. 因不可抗力造成甲方人身损害、财产损失的，乙方不承担赔偿责任，但应积极采取救助措施。

3. 在自行安排活动期间甲方人身、财产权益受到损害的，乙方在事前已尽到必要警示说明义务且事后已尽到必要救助义务的，乙方不承担赔偿责任。

4. 甲方因参加非乙方安排或推荐的活动导致人身损害、财产损失的，乙方不承担赔偿责任。

5. 由于公共交通经营者的原因造成甲方人身损害、财产损失的，由公共交通经营者依法承担赔偿责任，乙方应当协助甲方向公共交通经营者索赔。因公共交通工具延误，导致合同不能按照约定履行的，乙方不承担违约责任，但应向甲方退还未实际发生的费用。

（二）因发生不可抗力情形或者乙方、履行辅助人已尽合理注意义务仍不能避免的事件，可能导致邮轮行程变更或取消部分停靠港口等情况时，按以下约定方式处理。

1. 行程前发生的，甲方可以按（1）或（2）选择（二选一）

□（1）甲方同意邮轮行程变更或取消部分停靠港口等，按以下约定处理：

①在不减少行程自然天数的情况下，启航延迟、港口停靠时间缩短、返航延迟抵达：船方提供餐食和各项服务，乙方退还旅游费用总额的____%。

②无法停靠目的地港口：退还该港口的港务费以及未发生的岸上观光费用。

③行程自然天数减少：扣除已实际支付且不可退还的费用后，按照减少行程的自然天数所占计划行程的百分比退还旅游费用。

□（2）甲方不同意邮轮行程变更或取消部分停靠港口等上述约定，解除本合同；乙方应当在扣除已实际支付且不可退还的费用后，将余款______元退还甲方。

2. 行程中发生的，按上述（1）的约定处理。

第九条　违约责任

（一）乙方在行程前30日以内（含第30日，下同）提出解除合同的，向甲方退还全额旅游费用（不得扣除签证／签注等费用），并按下列标准向甲方支付违约金：

1. 行程前__日至__日，支付旅游费用总额____%的违约金；
2. 行程前__日至__日，支付旅游费用总额____%的违约金；
3. 行程前__日至__日，支付旅游费用总额____%的违约金；
4. 行程前__日至__日，支付旅游费用总额____%的违约金；
5. 行程开始当日，支付旅游费用总额____%的违约金。

如上述违约金不足以赔偿甲方的实际损失，乙方应当按实际损失对甲方予以赔偿。

乙方应当在解除合同通知到达日起____个工作日内，向甲方全额退还已收旅游费用并支付违约金。

（二）甲方逾期支付旅游费用的，应当每日按照逾期支付部分的旅游费用的____%，向乙方支付违约金。

（三）甲方提供的个人信息及相关材料不真实而造成的损失，由其自行承担；如给乙方造成损失的，甲方还应当承担赔偿责任。

（四）甲方因不听从乙方的劝告、提示而影响旅游行程，给乙方造成损失的，应当承担相应的赔偿责任。

（五）乙方未按合同约定标准提供交通、住宿、餐饮等服务，或者违反本合同约定擅自变更旅游行程，给甲方造成损失的，应当承担相应的赔偿责任。

（六）乙方未经甲方同意，擅自将旅游业务委托给其他旅行社的，甲方在行程前（不含当日）得知的，有权解除合同，乙方全额退还已收旅游费用，并按旅游费用的15%支付违约金；甲方在行程开始当日或者行程开始后得知的，乙方应当按旅游费用的25%支付违约金。如违约金不足以赔偿甲方的实际损失，乙方应当按实际损失对甲方予以赔偿。

（七）乙方未经与甲方协商一致或者未经甲方要求，指定具体购物场所或安排另行付费旅游项目的，甲方有权在旅游行程结束后三十日内，要求乙方为其办理退货并先行垫付退货货款，或者退还另行付费旅游项目的费用。

（八）乙方具备履行条件，经甲方要求仍拒绝履行合同，造成甲方人身损害、滞留等严重后果的，甲方除要求乙方承担相应的赔偿责任外，还可以要求乙方支付旅游费用____倍（一倍以上三倍以下）的赔偿金。

（九）其他违约责任：____。

第十条　自愿购物和参加另行付费旅游项目约定

1. 甲方可以自主决定是否参加乙方安排的购物活动、另行付费旅游项目。

2. 乙方可以在不以不合理的低价组织旅游活动、不诱骗甲方、不获取回扣等不正当利益，且不影响其他旅游者行程安排的前提下，按照平等自愿、诚实信用的原则，与甲方协商一致达成购物活动、另行付费旅游项目补充协议。

3. 购物活动、另行付费旅游项目安排应不与旅游行程单冲突。

4. 地接社及其从业人员在行程中安排购物活动、另行付费旅游项目的，责任由订立本合同的乙方承担。

5. 购物活动、另行付费旅游项目具体约定见《自愿购物活动补充协议》（附件1）、《自愿参加另行付费旅游项目补充协议》（附件2）。

第十一条　争议解决方式

双方发生争议的，可协商解决，也可在旅游合同结束之日90天内向旅游质监机构申请调解，或提请上海仲裁委员会仲裁（不愿意仲裁而选择向法院提起诉讼的，请双方在签署合同时将此仲裁条款画去）。

第十二条　附则

本合同自双方签字或盖章之日起生效，本合同附有的旅游行程单、邮轮旅游产品说明和补充条款、补充协议等均为合同的附件，与本合同具有同等法律效力。

补充条款

甲方签字（盖章）：______ 乙方签字（盖章）：______

住　　所：______ 营业场所：______

甲方代表：______ 乙方代表（经办人）：______

联系电话：______ 联系电话：______

邮　　编：______ 邮　　编：______

日　　期：______ 日　　期：______

附件 1

自愿购物活动补充协议

1. 甲方可以自主决定是否参加乙方安排的购物活动；

2. 乙方可以在不以不合理的低价组织旅游活动、不诱骗甲方、不获取回扣等不正当利益，且不影响其他旅游者行程安排的前提下，按照平等自愿、诚实信用的原则，与甲方协商一致达成购物活动的约定；

3. 购物活动安排应不与《行程单》冲突；

4. 具体购物场所应当同时面向其他社会公众开放；

5. 地接社及其从业人员在行程中安排购物活动，责任由订立本合同的乙方承担；

6. 购物活动具体约定如下：

具体时间	地点	购物场所名称	主要商品信息	最长停留时间（分钟）	其他说明	甲方签名同意
年 月 日 时						签名：
年 月 日 时						签名：
年 月 日 时						签名：

甲方签名：　　　　　　　　　　乙方（经办人）签名：

年 月 日　　　　　　　　　　年 月 日

附件 2

自愿参加另行付费旅游项目补充协议

1. 甲方可以自主决定是否参加乙方安排的另行付费旅游项目；

2. 乙方可以在不以不合理的低价组织旅游活动、不诱骗甲方、不获取回扣等不正当利益，且不影响其他旅游者行程安排的前提下，按照平等自愿、诚实信用的原则，与甲方协商一致达成另行付费旅游项目的约定；

3. 另行付费旅游项目安排应不与《行程单》冲突；

4. 另行付费旅游项目经营场所应当同时面向其他社会公众开放；

5. 地接社及其从业人员在行程中安排另行付费旅游项目的，责任由订立本合同的乙方承担；

6. 另行付费旅游项目具体约定如下：

具体时间	地点	项目名称和内容	费用（元）	项目时长（分钟）	其他说明	甲方签名同意
年 月 日 时						签名：
年 月 日 时						签名：
年 月 日 时						签名：

甲方签名：　　　　　　　　　　　　乙方（经办人）签名：

年 月 日　　　　　　　　　　　　　　年 月 日

合同编号：______________

上海市旅游包车合同
示范文本
（2016 版）

上海市旅游行业协会推荐

使用说明

一、为保障旅行社和旅游客运单位的合法权益，进一步维护旅游者的利益，根据《中华人民共和国合同法》《中华人民共和国旅游法》《中华人民共和国道路运输条例》等法律、法规的有关规定，结合本市实际，制定本合同示范文本。

二、旅行社与旅游客运单位就旅游团队提供 7 座以上（不含 7 座）包车服务事宜可参照本合同示范文本签订合同。

三、本合同的甲方必须是持有旅游行政管理部门颁发的《旅行社业务经营许可证》和工商行政管理部门颁发的《营业执照》的旅行社；乙方必须是持交通行政管理部门颁发的《道路运输经营许可证》和工商行政管理部门颁发的《营业执照》，可以经营旅游客运业务的专业单位。

四、甲乙双方在签订合同前，应当详细阅读本合同使用说明、合同文本和附件的各项条款。

五、甲乙双方可根据包车数量、特别约定等内容的多少，参照合同附件制定旅行社旅游包车确认单，但所列事项不得减少；附件可对合同文本的部分条款作出变更。

六、本合同文本中有关条款留有空白行，供双方自行约定。对双方不予约定的空白行，应当画“×”以示没有特别约定。

七、本合同文本条款前有“□”符号的，甲乙双方应当协商选定。双方选定的条款，应当在“□”中画“√”以示选定；双方不选的条款，应当在“□”中画“×”以示删除。

八、双方签订合同后，均应认真保存合同文本、来往的旅游包车确认单、相关证明材料复印件及履行合同过程中发生的有关票据资料，以备合法权益受到侵害时作为索赔的证据。

合同编号：______________

上海市旅游包车合同

甲方（旅行社）______________________________

旅行社经营许可证编号______________________________

乙方（旅游客运单位）______________________________

道路运输经营许可证编号______________________________

为保证旅游服务质量，明确合同当事人的权利义务，根据《中华人民共和国合同法》《中华人民共和国旅游法》《中华人民共和国道路运输条例》等法律、法规，甲、乙双方就乙方为甲方旅游团队提供包车服务事宜达成如下协议。

第一条（合同标的）

本合同标的为乙方提供具备相应资质的行驶证户名为乙方的车辆、驾驶员及服务。

第二条（甲方权利）

（一）要求乙方提供车辆、驾驶员的资质证照等相关资料；

（二）要求乙方按照约定的标准提供车辆、委派驾驶员；

（三）因乙方违约有权要求赔偿。

第三条（甲方义务）

（一）提供自己为合法旅行社的证明材料，包括：

1.《营业执照》；

2.《旅行社业务经营许可证》；

3. 其他具有证明力的材料。

（二）按照约定支付包车费用；

（三）预订车辆时，应以书面形式提前______日预约；

（四）如不能按照约定的时间使用车辆，__________应提前______日书面通知乙方，其他时间段应提前______日书面通知乙方；

（五）为驾驶员的行车安全积极创造条件，保证驾驶员的休息时间；

（六）随团服务人员应当积极协助乙方保持车内清洁卫生，维护车辆设施设备完好有效。

第四条（乙方权利）

（一）按照合同约定，要求甲方支付包车费用；

（二）可以要求甲方就包车事宜提供相应担保；

（三）拒绝甲方超过车辆核定限额安排人员、要求驾驶员超时驾驶等影响行车安全的要求；

（四）拒绝甲方超出约定的行程安排；

（五）因甲方违约有权要求赔偿。

第五条（乙方义务）

（一）提供乙方、车辆、驾驶员的有效资质证明，包括：

1.《营业执照》；

2. 具备道路旅客运输（包车）资质的《道路运输经营许可证》；

3. 机动车辆强制保险单、承运人责任险保单；

4.《车辆行驶证》；

5. 具备道路旅客运输（包车）资质的《道路运输证》；

6. 与准驾车辆相符合的驾驶员《机动车驾驶证》；

7. 与准驾车辆相符合的驾驶员《从业资格证》；

8. 其他有关资质证明。

（二）按照《旅游汽车服务质量》（LB/T 002—1995）、《上海市省际道路旅客运输管理服务规范》等旅游、交通行业标准和双方约定的标准提供车辆、委派驾驶员。

（三）乙方提供的车辆应安装具有行驶记录功能的卫星定位装置、座位安全带、消防、救生等安全设施设备，并保持安全设施设备正常使用；应在旅游客运车辆前乘客门侧第一排乘客座椅靠通道侧位置设置“导游专座”，并配备印有“导游专座”字样的座套。

（四）乙方提供的新进入道路运输市场（自 2016 年 8 月 1 日起）的车辆不得在车厢内任何位置设置折叠座椅，在用车辆的折叠座椅不得使用；车内通道不得堆放行李和其他障碍物，逃生装置要定期维护、标识清晰，确保正常使用。

（五）乙方应当遵守道路客运安全管理的各项制度，并在车辆显著位置明示道路旅游客运专用标识，在车厢内显著位置公示经营者和驾驶人信息、道路运输管理机构监督电话等事项。

（六）乙方应在车厢内显著位置明示安全锤警示语及使用方法的标识、明示行车前（行车中）请系好安全带的标识。

（七）出车前认真检查车辆性能，确保车况良好，安全锤、安全带、音响等车辆全部服务设施完备完好，保持车辆内外清洁卫生。

（八）在旅游行程途中不得擅自终止合同，拒载游客。

（九）车辆发生事故，应及时组织参与救援。

（十）接到甲方旅游包车确定单后，应当积极保证甲方用车，并及时以书面方式予以确认；乙方如不能按照约定时间提供车辆，________应提前________日书面通知甲方，其他时间段应提前______日书面通知甲方。

第六条（乙方委派的驾驶员应当具备的条件）

（一）持有准驾机动车驾驶证，有丰富驾驶经验及技能，取得相应的从业资格证；

（二）法律、法规规定的客运驾驶员应当具备的条件。

第七条（乙方委派的驾驶员义务）

（一）保证仪容整洁、仪表大方、举止文雅、精神饱满；

（二）恪守职业道德，尊重旅游者的宗教信仰和风俗习惯；

（三）不得侵犯旅游者的人身和财产权益；

（四）严格遵守道路交通安全和道路运输管理法律法规，不超员、不超速、不超时、不疲劳驾驶；

（五）行车之前播放《游客安全乘车温馨提示》宣传片（在国家旅游局官网“视频专栏”下载使用 http：//www.cnta.gov.cn/spzl/xcp/201603/t20160315_763912.shtml），提醒游客阅读安全须知以及安全注意事项，提高游客安全意识；

（六）每年的六月一日至九月三十日期间和十二月一日至次年三月一日期间，以及在此期间外车厢内温度高于二十八摄氏度或者低于十二摄氏度时，应当开启车辆空调设施。除前款情形外应当开启车辆通风换气设施；

（七）营运过程中，应当在安全的规定的站点安排上下客，按照约定的行程计划行驶，不得有擅自终止行程、拒开车门、搭乘无关人员等有损游客利益的违约行为和干预导游人员正常工作；

（八）行驶中坚持安全礼让、平稳运行，严禁酒后驾车、疲劳驾驶、超速驾驶等不安全行车行为；

（九）保证60周岁以上（含60周岁）老年旅游者，连续乘坐汽车时间不应超过2个小时。

第八条（乙方提供的车辆应当具备的条件）

（一）依法取得《道路运输证》；

（二）经公安、交通部门年审检验合格；

（三）行车前具备安全行车的要求；

（四）符合行业标准或附件约定的标准；

（五）足额投保道路客运承运人责任保险、机动车交通事故责任强制保险等法定保险；

（六）取得交通部门核发的省际包车客运标志牌；

（七）不得超过核定载客定额载运游客；

（八）法律、法规规定的客运车辆应当具备的其他条件。

第九条（包车费用）

（一）包车费用包括：

1. 车辆租用费；

2. 过路、过桥费；

3. 高速公路费；

4. 停车费；

5. 其他。

驾驶员食宿由甲方安排。车辆故障修理费、驾驶员违规罚款由乙方承担。每团包车费用及驾驶员津贴在附件中予以约定，经双方确认后，即作为甲方向乙方付款的依据。

（二）付款方式及时间：

□______月结算一次，结算月的最后一天为结算截止日期；

☐每团结算一次，团队行程结束后______日内进行结算；

☐合同有效期截止时一次性结算。

乙方在结算时应向甲方提供结算单，并提供有效发票；甲、乙双方各自保存订车单和结算单。

（三）附件可以对以上包车费用、付款方式、地点、时间等另行约定。

第十条（违约责任）

（一）甲方如不能按照约定时间使用车辆，又不在约定时间前通知乙方的，应当支付约定包车费______%的违约金。

甲方如不能按照约定数量使用车辆，不使用的车辆视为不能按照约定时间使用，应当按上款约定支付相应违约金。

因甲方不能按照约定时间、数量使用车辆，给乙方造成损失的，甲方还应当赔偿超出违约金部分的经济损失。

（二）由于甲方原因造成行程延误，超出约定租车期限的，甲方应当支付超时部分的用车费用，费用标准由双方协商确定；给乙方造成经济损失的，还应赔偿经济损失。

（三）因甲方导致车辆损坏或造成安全事故的，应当承担损害赔偿责任。

（四）乙方如不能按照约定时间提供车辆，又不及时在约定日期前通知甲方的，应当支付约定车费____%的违约金。

乙方如不能按照约定数量提供车辆，缺少的车辆视为不能按约定时间提供，应当按上款约定支付相应违约金。

乙方如不能按照约定时间、数量、车型提供车辆，给甲方造成损失的，乙方还应当赔偿超出违约金部分的经济损失。

（五）车辆、驾驶员不符合约定，或因乙方的原因导致行程延误超过____小时的，可以要求乙方调换车辆或驾驶员乙方应当支付约定车费____%的违约金；给甲方造成经济损失的，乙方还应当赔偿超出违约金部分的经济损失。

（六）乙方提供的车辆标准低于约定标准的，乙方应当积极采取补救措施；确实无法改正的，乙方应当减少或退还约定价款与所提供车辆租用价款的差额，并支付约定价款____%的违约金；给甲方造成经济损失的，还应当赔偿超出违约金部分的经济损失。

（七）由于乙方原因造成旅游团延误行程或误机（车、船）的，乙方应支付约定车费____% 违约金；给甲方造成经济损失的，还应当赔偿超出违约金部分的经济损失。

（八）乙方应当对行车过程中团队游客和导游人员（含乙方人员）的伤亡承担损害赔偿责任；但伤亡是因游客、导游人员自身健康原因或者是故意、重大过失造成的除外。

（九）乙方过错造成游客随车物品丢失、损坏的，乙方应当赔偿损失，赔偿数额按有关规定或协商解决；若因车辆或驾驶员的原因引起团队游客投诉，乙方应当承担由此对甲方造成的经济损失。

（十）乙方委派的驾驶员与甲方随团人员应当密切合作，共同维护游客的利益，确保行程的顺利进行；如发生争议或特殊情况，应在行程结束后解决，单方擅自终止或延误行程，给另一方造成损失的，应当承担违约责任。

（十一）驾驶员侵犯游客的人身和财产权益造成损失的，乙方应当承担侵权损害赔偿责任。

第十一条（责任的免除）

（一）甲、乙双方因不可抗力原因不能履行合同的，应当在不可抗力发生后 12 小时内通知对方，并提供不能履约的充分证据。

（二）损失是由一方自身过错造成的，对方不承担责任。

（三）一方违约的，对方应积极采取适当措施阻止损失扩大，否则不得就扩大部分的损失要求赔偿；违约方应当承担对方为阻止损失扩大而支付的合理费用，但以损失可能扩大的数额为限。

第十二条（争议解决方式）

本合同在履行过程中发生争议的，由双方当事人按约定协商解决。

协商不成的：

（一）□向________________仲裁机构申请仲裁；

（二）□向________________人民法院提起诉讼。

第十三条（合同附则）

本包车合是同由合同文本和附件（即旅游包车确认单）构成，附件可变更合同文本的个别条款。

合同文本在有效期内可反复使用，对甲乙双方均有约束力。

附件为甲乙双方在合同文本有效期内就单个包车事宜达成的具体合约，在每次包车前经双方签订确认，自签订起发生效力。

附件应该详细写明各项用车要求，包括车辆型号、服务要求、用车数量、用车地点、具体时间、行程安排、用车费用、驾驶员津贴、结算方式和确认期限要求等。

本合同自双方签字和盖章之日起生效，每一个经签订有效合同附件（即旅游包车确认单）与本合同构成一份有效的包车合同，附件与本合同具有同等的法律效力。

本合同一式两份，双方各执一份具有同等效力。

本合同有效期自______年______月______日至______年______月______日，期满双方无异议的自动顺延。

签约地点______________________________________。

甲方（盖章）：	乙方（盖章）：
法定代表人：	法定代表人：
委托代理人：	委托代理人：
电　　话：	电　　话：
传　　真：	传　　真：
通讯地址：	通讯地址：
邮编：	邮编：
签订时间：年　月　日	签订时间：年　月　日

附件：

旅游包车确认单

合同编号：__________

甲方经办人		电话		传真		应急电话	
乙方经办人		电话		传真		应急电话	
包车时间	年 月 日至 年 月 日，共 天 夜。						
集合时间	年 月 日 时			集合地点			
行使线路				包车数量			
车辆	车辆型号		核定载客人数（不含司机和导游专座）：________座	空 调	□有 □无		
车辆	车牌号			车辆保险号			
车辆	道路运输证号			省际包车客运标志牌号			
车辆	驾驶员	姓名		从业资格证号			
车辆	驾驶员	性别		驾驶证档案号		电话	
包车费用		定金（或其他担保）		超程或超时费			
付款方式				付款时间			

续表

合同变更记录		
特别约定	1. 行程、景点 2.	
甲方（签章）： 签订日期：　　年　月　日		乙方（签章）： 签订日期：　　年　月　日

律师办理旅游纠纷案件操作指引（2017）

（本指引于2017年12月7日上海市律师协会业务研究指导委员会通讯表决通过，同年12月8日发布）

第一章　前言

（一）《中华人民共和国旅游法》于2013年10月1日施行，成为我国第一部规范旅游各方当事人行为的基本法律。2015年9月上海市律师协会增设旅游业务研究委员会，旅游法律专业律师逐步形成群体并积累了实践经验，为指导律师正确办理旅游纠纷案件，依法履行职责，制定本指引。

（二）本操作指引所指旅游纠纷案件是指旅游者参加旅行社组织的团队旅游中发生的人身伤亡或者财产损失导致的诉讼案件。

（三）律师在办理上述案件时，涉及旅游者、组团社、地接社、履行辅助人等主体以及请求权竞合或责任竞合。

组团社，是指与旅游者订立包价旅游合同的旅行社。

地接社，是指接受组团社委托，在目的地接待旅游者的旅行社。

履行辅助人，是指与旅行社存在合同关系，协助其履行包价旅游合同义务，实际提供相关服务的法人或者自然人。

旅游者可以选择依据违约主张违约责任；或者选择依据侵权主张损害赔偿。

（四）本指引由上海市律师协会会展与旅游业务研究委员会根据《中华人民共和国民法总则》《中华人民共和国民法通则》《中华人民共和国合同法》《中华人民共和国旅游法》《中华人民共和国民事诉讼法》《中华人民共和国律师法》等法规并结合本地区的审判实践制定，仅供本市律师在办理旅游纠纷案件时参考和借鉴，并非强制性或规范性规定。

第二章　案件咨询

（一）咨询会面宜在律师事务所进行，不宜安排在公共场所；咨询需单独收费的，律师应在当事人来访前告之收费依据和标准，并与当事人确认。

（二）咨询重点了解内容：

2.1 双方签订的《旅游合同》及旅游行程单、安全告知书、出团通知书；

2.2 发生人身或财产损害结果及直接原因；

2.3 双方是否存在违法、违规或违约行为；

2.4 着重了解旅行社的安全保障义务是否充分履行；

2.5 旅游产品是否存在安全隐患；

2.6 违法、违规、违约行为以及产品安全隐患是否和损害后果之间有因果关系；

2.7 确认案件管辖权；

2.8 诉讼时效；

2.9 确认当事人主体资格；

2.10 旅游意外险、旅责险购买情况。

（三）旅游合同为要式合同，通常根据旅游合同、旅游费收款凭证、出团通知书等来确认旅游合同关系。

（四）律师依照我国《旅游法》《旅行社条例》和《实施细则》规定以及《旅游合同》、旅游行程单、安全告知书约定，全面分析旅游者是否有违反上述规定或约定的行为；旅行社是否有未充分履行安全保障义务的行为。

（五）律师提供咨询法律服务时，应当提请当事人提供事发现场事发经过的书面说明及其他证据材料。

证据范围包括但不限于同团旅游者书面证明、现场领队、导游情况说明原件、现场视频、照片、录音原始载体；就诊资料（包括门急诊、住院病史，各种检验申请单，外配处方，医药费发票等）、护理证明、误工及收入证明、交通费单据、住宿费单据、抚养/赡养/扶养证明、伤残用具证明、身份及亲属关系证明等。

（六）律师在当事人无法提供相关证据时，可以指导其取得和保存上述相关证据材料。

第三章 接受委托

（一）律师办理旅游纠纷案件，不得私自接受委托，不得私自向委托人收取费用、额外报酬、财物或可能产生的其他利益；不得向委托人就某一案件的判决结果作出承诺。

（二）签订聘请律师合同时应当包括以下内容：

2.1 风险告知

律师在受理案件时应当通过制作谈话笔录或与当事人在《聘请律师合同》中订立相应条款，履行风险告知义务，风险告知的内容应当包含委托人不如实陈述事实和提供证据的风险以及案件进程和结果可能出现意外情况、客观因素影响的风险等。

2.2 律师费收取方式

律师提供法律咨询或案件代理服务，按照2017年4月1日执行的《上海市律师服务收费管理办法》并参照附件1:“上海市律师服务收费政府指导价标准”、附件2:“律师服务收费中重大、疑难、复杂诉讼案件认定办法”收取律师费。

2.3 律师事务所与委托人签署的聘请律师合同及授权委托书，应载明具体的承办律师、委托事项和权限。委托权限宜注明是一般授权还是特别授权。特别授权的应载明：代为提起诉讼，应诉（反诉）和上诉，调解、和解，承认、变更、撤销诉讼请求，签署法律文书；未注明的，视为一般授权。

（三）律师应当与当事人保持良好的沟通，及时将案件进展反馈当事人。

第四章 代理旅游者的步骤及要点

（一）确认案件管辖权

旅游者主张违约责任，如《旅游合同》争议解决方式条款约定：“提交________仲裁委员会仲裁”，应向约定的仲裁委员会申请仲裁；法院无管辖权。

旅游者主张侵权责任，不受此限。

（二）分析案情选择侵权之诉或是违约之诉

违约之诉中旅游者一般只能将组团社作为被告；侵权之诉中由于地接社、履行辅助人、第三人的原因造成旅游者人身损害、财产损失的，旅游者可以将地接社、履行辅助人、第三人追加为被告。

在违约之诉中，因所涉法律关系为旅游合同关系，法院不支持精神损害抚慰金；在侵权之诉中，法院不支持退还旅游费用。

（三）选择管辖法院

旅游者提起违约之诉，可以按照协议管辖或地域管辖来选择管辖法院，应优先适用协议管辖。

旅游者提起侵权之诉，可以按照特殊地域管辖，选择事故发生地或被告所在地法院管辖；由于部分赔偿项目的确立标准是以受诉法院所在地的统计数据作为依据的，故从赔偿项目金额最大化的角度出发，宜选择经济较为发达地区的法院作为管辖法院。

（四）确定责任主体

由于地接社、履行辅助人的原因导致违约的，由组团社承担责任；组团社承担责任后可以向地接社、履行辅助人追偿。

由于地接社、履行辅助人的原因造成旅游者人身损害、财产损失的，旅游者可以要求地接社、履行辅助人承担赔偿责任，也可以要求组团社承担赔偿责任；组团社承担责任后可以向地接社、履行辅助人追偿。

但是，由于公共交通经营者的原因造成旅游者人身损害、财产损失的，由公共交通经营者依法承担赔偿责任，旅行社应当协助旅游者向公共交通经营者索赔。

（五）判断时效

根据我国《民法通则》的规定，人身损害要求赔偿的诉讼时效是 1 年，实践中法院一般会从宽掌握，基本都从司法鉴定结论出具之日起算，若存在拆除内固定等后续治疗手术的，从二次手术完毕出院之日起算；根据我国《民法总则》规定，财产损害要求赔偿的诉讼时效为 3 年，自知道或者应当知道权利受到损害之日起计算。人民法院不得主动适用诉讼时效的规定，律师应当充分把握知道或者应当知道的含义。

（六）申请诉讼（诉前）财产保全

为防止旅游经营者逃避债务、隐匿、转移财产，根据实际情况需要调查责任主体的财产状况，起草相关法律文书，告知当事人依法提供相应的担保，及时申请办理财产保全措施。

（七）起草《民事起诉状》

旅游者可以将承保旅游经营者责任险的保险公司列为第三人。

（八）制作《赔偿项目清单》

（九）制作《诉讼证据清单》

（十）提起违约之诉列举证据

10.1 主体证据——原告的身份证 / 营业执照或者工商登记信息；旅游者死亡的案件需提供原告与死者关系证明以及死者无其他继承人证明，如果有继承人放弃权利，必须提供经过公证的声明；如果有继承人无法当面在授权委托书签字，必须提供经过公证的授权委托书；原告为未成年人或者无民事行为能力的，必须同时提供法定代理人的身份证及关系证明；被告的营业执照或者工商登记信息。追加地接社、履行辅助人、第三人为被告，提供相互之间存在法律规定的特定关系证明。

10.2 有效合同关系存在证据——旅游合同、旅游行程单、旅游费发票、出团通知书。

10.3 违约行为证据——举证证明被告不履行合同义务或履行合同义务不符合约定的事实；但主张被告不履行的义务为积极义务的除外。

10.4 请求违约赔偿及损失金额的证据

10.4.1 事故证据——证明旅游者在旅游中发生人身伤亡或者财产损失的事故证明或事故认定书、事故报警记录、同团旅游者证人证言。

10.4.2 医疗费证据——门急诊病历、各种摄片及检查报告、出院小结、救护车发票、门急诊发票、住院发票、用药清单、外购药及辅助器具发票（需提供医院处方或者医嘱）、后续治疗费证明。

10.4.3 误工费证据——按三期及伤残鉴定书确定误工天数。有固定收入的，需要其工作单位营业执照、劳动合同、因误工减少收入的证明、税单、银行对账单、工资签收记录；无固定收入的，按照其举证证明的最近 3 年的平均收入计算或者参照受诉法院所在地相同或者相近行业上一年度职工的平均工资计算。

10.4.4 护理费证据——按三期及伤残鉴定书确定护理天数。医院护工护理的凭护理费发票；家人护理的则需要护理人工作单位营业执照、劳动合同、因误工收入减少收入的证明、税单、银行对账单、工资签收记录。

10.4.5 交通费证据——实际发生的与就医地点、时间、人数、次数相符合的交通费正规票据。

10.4.6 住院伙食补助费证据——按出院小结确定住院天数（20 元 / 天）。

10.4.7 营养费证据——三期及伤残鉴定书确定营养天数（20~40 元 / 天）。

10.4.8 残疾赔偿金证据——按三期及伤残鉴定书确认年限。户口簿；农业户口要求按城镇标准计算的则需要事发前在城镇地区居住满一年的证明、事发前收入来源于城镇地区满一年的证明。

10.4.9 残疾辅助器具费证据——医嘱、残疾辅助器具配置机构的对器具是否符合普通适用标准以及更换周期、维护费用的意见、残疾辅助器具费发票。

10.4.10 被抚养人生活费证据——被抚养人与伤者或死者的关系证明、被抚养人共有多少扶养义务人的证明、被抚养人丧失劳动能力的证明、被抚养人没有其他生活来源的证明；被抚养人户口簿；农业户口要求按城镇标准计算的则需要事发前在城镇地区居住满一年的证明、事发前收入来源于城镇地区满一年的证明。

10.4.11 丧葬费——居民死亡医学证明、尸检报告、火化证明、户籍注销证明。

10.4.12 死亡赔偿金证据——农业户口要求按城镇标准计算的则需要事发前在城镇地区居住满一年的证明、事发前收入来源于城镇地区满一年的证明。

10.4.13 康复费证据——医嘱，康复费发票。

10.4.14 整容费证据——医嘱，整容费发票。

10.4.15 住宿费证据——住宿费发票（根据伤亡情况旅游者及家属合理的住宿）。

10.4.16 精神损害抚慰金证据——按三期及伤残鉴定书确定伤残等级，构成伤残法院才支持精神损害抚慰金。

10.4.17 物损费证据——事发报警的物损清单记录证据，受损物的购物发票或者购物时间、价格证据；事后维修的提供维修清单、修理费发票。

10.4.18 鉴定费证据——按三期及伤残鉴定书及鉴定费发票。

10.4.19 律师费证据——律师聘用合同、律师费发票。

10.4.20 其他相关证据。

（十一）提起侵权之诉列举证据

11.1 主体证据——同 10.1。

11.2 合法权益受损害证据——同 10.4.1。

11.3 侵权行为证据——举证证明被告未履行或未充分履行安全保障义务等合同义务以及存在违法性加害行为的事实；但主张被告不履行的义务为积极义务的除外。

11.4 侵权行为与损害结果存在因果关系证据——推定存在的因果关系。

11.5 请求损害赔偿金额证据——同 10.4.2 至 10.4.20。

（十二）立案

向受诉法院提交起诉材料，并视情况一并提出伤残及三期鉴定、劳动能力鉴定等申请。

（十三）庭审

代理旅游者的主要工作是前期证据的收集与整理，着重审查旅游经营者是否充分履行安全保障义务。庭审中的关注点则是针对旅游经营者、第三人的抗辩，对旅游经营者未尽到或未充分尽到安全保障义务、赔偿费用的合理性、证据的相关性及证明力等陈述辩论意见，必要的话，对于旅游经营者、第三人提供的反驳证据还要跟进后续调查取证工作，进一步补强己方证据。

（十四）执行

14.1 协助旅游者办理保险公司理赔事宜。

14.2 对被执行人财产进行调查，及时发现被执行人财产线索。

14.3 申请法院对被执行人及时采取强制执行措施。

14.4 必要时申请追加或者变更被执行人。

14.5 及时发现和阻止被执行人恶意转让财产，申请限制被执行人相关的消费和出行自由。

14.6 针对执行标的物及时申请评估和拍卖。

第五章 代理旅游经营者的步骤及要点

（一）确认案件管辖权

同第四章（一）；视情况决定是否提出管辖权异议申请。

（二）确认管辖法院

同第四章（三）；视情况决定是否提出管辖权异议申请。

（三）确定责任主体

同第四章（四）。

（四）判断时效

同第四章（五）；起诉超过诉讼时效，可请求法院驳回诉请。

（五）审核违约之诉原告证据

从证据三性分析证据，准备质证意见。

5.1 主体证据——参照 10.1，审核原、被告双方的诉讼主体资质是否适格。

5.2 有效合同关系存在证据——核实真实性；否认存在合同关系的，应举证证明对方当事人提出的合同载体证据不具有证明效力。

5.3 违约行为证据——核实真实性；旅游经营者抗辩理由应围绕已经尽到安全保障义务、存在不可抗力或者旅行社、履行辅助人已尽合理注意义务仍不能避免的事件、原告自己有过错等举证证明。

5.4 审核违约赔偿及损失金额的证据

5.4.1 事故证据——核实事故过程以及原告提供事故证据的真实性，合理区分责任；调查旅游者在事故中是否存在过错；确认旅游意外伤害保险的理赔以及旅行社责任保险的责任认定情况。

5.4.2 医疗费证据——核对真实性，所有证据的抬头必须与受损旅游者姓名一致；医疗费发票的时间、就诊医院应当与病历记录相符合；核对医疗项目与受损事故的关联性；核实医疗费用中非医保费用的大小；核实外购药及辅助器具是否有处方或者医嘱；是否使用了医保或者其他社会保险。

5.4.3 误工费证据——核对三期及伤残鉴定报告确定的休息期限；需注意鉴定报告确定的误工时间不能超过定残日；严格审查工作单位营业执照、劳动合同、因误工收入减少的证明、税单、银行对账单、工资签收记录；调查是否存在工伤情况。

5.4.4 护理费证据——核对三期及伤残鉴定报告确定的护理期限；核对护理费发票的价格及时间；家人护理的严格审查护理人工作单位营业执照、劳动合同、因误工收入减少的证明、税单、银行对账单、工资签收记录。

5.4.5 交通费证据——核对交通费票据与就医地点、时间、人数、次数是否相符合。

5.4.6 住院伙食补助费证据——核对出院小结，确定住院天数（20元/天）。

5.4.7 营养费证据——核对三期及伤残鉴定报告确定的营养期限（20~40元/天）。

5.4.8 残疾赔偿金证据——核实原告户籍资料原件以及受损旅游者事发前在城镇地区居住满一年、收入来源于城镇地区满一年证明的真实性，庭审前可视情况向受损旅游者居住地及工作场所的居委会及警署等调查核实情况；审查三期及伤残鉴定报告所认定的伤残等级是否成立，视情况确定是否申请重新鉴定，主要审查原则如下：

5.4.8.1 如鉴定的委托人是个人或者律师事务所，则需对鉴定书严格审核。

5.4.8.2 根据鉴定规则，评定时机应当是事故所致的直接损害或者因损害所致的并发症治疗终结为准。故需核对鉴定时间与事故时间、诊疗时间的间隔，并查看病史（是否有需要进一步治疗的医嘱），了解鉴定时被鉴定人是否已经治疗终结（如内、外固定是否拆除，是否已经进行了功能锻炼）。

5.4.8.3 查看鉴定报告上的病史摘要内容与原病史是否一致，或者是否存在重大遗漏（如是否缺乏急诊时病情），若病史记录内容与事故发生具有较长时间间隔，则需考虑本起事故是否是导致该损害的直接原因。

5.4.8.4 鉴定结论存疑的常见问题：（引用自《律师代理机动车交通事故责任纠纷案件操作指引（2017）》1.11.4~1.11.5）

5.4.8.4.1 因关节功能障碍定残的，需看门诊病史复诊时的体格检查是否存在关节活动障碍的情况（如复查时病史记录活动可，活动自如等，则可对构成残疾存疑），事故所致的损伤部位是否存在不可能或者难以导致该关节功能障碍的情况（如单纯的四肢长骨骨折，在骨折部分非关节处时一般不会影响关节功能；锁骨主要功能是支撑胸廓，此处骨折通常不会导致肩关节功能障碍）。

5.4.8.4.2 因肋骨骨折根数、牙齿脱落枚数定残的，需查看病史中关于肋骨骨折的影像报告与法医阅片是否存在不一致的情况（注意第 1~ 第 3 肋骨较短，第 11. 第 12 肋系浮肋一般不易骨折）；牙齿脱落的枚数是否存在与病史的体格检查不一致的情况。

5.4.8.4.3 因神经、精神系统障碍定残的，需核对病史是否存在损伤神经系统的记录，如颅脑损伤需考虑有脑实质的损害或者明显的严重颅内血肿（非单纯性颅骨骨折、皮下血肿等）才可能并发神经、精神障碍；外伤性癫痫需考虑受伤当时是否有颅内损害，是否有明确的癫痫病史以及脑电图变化，是否被明确认定为外伤性癫痫；病史中如果记载被鉴定人体检时神清、自主活动、应答自如、查体配合等内容，则有必要考虑不构成精神障碍。

5.4.8.4.4 因脊柱椎体骨折定残的，需核对鉴定时是否有相关影像片（X 光片、CT 片、MRI 片），注意核对 X 片和 CT、MRI 是否一致，注意病史及法医阅片是否一致，是否详细描述了椎体骨折的情况（如压缩 1/3 以上才构成 10 级，粉碎性骨折才构成 9 级，故单纯描述压缩性骨折，未注明压缩程度的，一般无法构成残疾）。

5.4.8.4.5 查看损害后果与事故的关联，被鉴定人是否在损害前就存在疾病或者损害的事实，如陈旧性骨折（骨折线模糊，陈旧性椎体压缩性骨折）、高血压导致的脑血管意外、糖尿病导致的视力受损、原发性癫痫或者脑瘤、脑炎导致的癫痫等；被鉴定人是否在事故发生一段时间后另行就诊，而损害部位与病史记录的原事故损害部位不一致或者明显加重，需考虑其他因素所致。

5.4.8.4.6 根据病史判断：原告是否存在不遵守医嘱，或者医疗行为不当导致损害扩大的情况。

5.4.9 残疾辅助器具费证据——核实器具是否符合普通适用标准以及更换周期、维护费用的合理性；调查受损旅游者实际配制的残疾辅助器具是否与诉请一致；可赴其他残疾辅助器具配制机构询价。

5.4.10 被抚养人生活费证据——核实被抚养人与受损旅游者的关系、被抚养人共有多少扶养义务人、被抚养人丧失劳动能力、被抚养人没有其他生活来源的证明；核实被扶养人户籍资料原件以及被扶养人事发前在城镇地区居住满一年、收入来源于城镇地区满一年的证明。

5.4.11 丧葬费——核对计算，按照受诉法院所在地上一年度职工月平均工资标准，以六个月总额计算。

5.4.12 死亡赔偿金证据——核实受损旅游者户籍资料原件以及事发前在城镇地区居住满一年、收入来源于城镇地区满一年的证明。

5.4.13 康复费证据——核实是否有医嘱以及康复项目与受损事故的关联性。

5.4.14 整容费证据——核实是否有医嘱以及整容项目与受损事故的关联性。

5.4.15 住宿费证据——住宿费发票（根据受损旅游者情况核对其与家属合理的住宿时间、人数、费用）。

5.4.16 精神损害抚慰金证据——核对三期及伤残鉴定书认定的伤残等级，

构成伤残法院才支持精神损害抚慰金，一般按五千元一个伤残等级。

5.4.17 物损费证据——核对物损清单记录，核实受损物的价格及折旧或者维修清单、发票。

5.4.18 鉴定费证据——核实真实性。

5.4.19 律师费证据——核实真实性。

5.4.20 其他相关证据——核实真实性。

（六）审核侵权之诉原告证据

6.1 主体证据——参照 10.1，审核原、被告双方的诉讼主体资质是否适格，是否还有侵权行为人应追加被告。

6.2 合法权益受损害证据——核实事故过程以及原告提供事故证据的真实性，合理区分责任；调查旅游者在事故中是否存在过错；调查事故是否还有遗漏的责任方；确认侵权方的保险理赔明细及金额，旅行社责任保险的责任认定情况。

6.3 侵权行为证据——核实真实性；旅游经营者抗辩理由应围绕已经尽到安全保障义务、存在不可抗力或者旅行社、履行辅助人已尽合理注意义务仍不能避免、原告自己有过错等。

6.4 侵权行为与损害结果存在因果关系证据——推定存在的因果关系。

6.5 审核损害赔偿及损失金额证据——同 5.4.2 至 5.4.20。

（七）提交相关抗辩证据

就旅游合同纠纷而言，旅游经营者作为安全保障义务人，无论是违约之诉或是侵权之诉，审理安全保障义务的内容是相似的，对旅游经营者来说最重要的就是证明自己已经充分地履行了安全保障义务，为此提供证据。

7.1 免责事由证据——不可抗力、紧急避险、无因果关系，旅行社、履行辅助人已尽合理注意义务仍不能避免的事件。

7.2 履行安全保障义务证据——举证证明旅游经营者或者提供交通、游览、住宿、餐饮、娱乐等履行辅助人，在合理的限度内，已经尽到对旅游者的人身、财产安全所承担的注意、保护、救助义务。

7.2.1 签合同时及出行前履行安全告知证据——受损旅游者签名的旅游合同、安全告知书、出团通知书、安全信息卡。

7.2.2 选择合格供应商证据——委托地接社的资质证明、履行辅助人的资质证明。

7.2.2.1 境内地接社须具有经营旅游业务许可证；境外地接社应选择国家旅游局官网公布的旅游目的地国家或地区的政府指定的接待中国旅游团队的旅行社。

7.2.2.2 代理社代理旅游产品须具有相应的经营旅游业务许可证。

7.2.2.3 旅游包车的客运单位、营运车辆、驾驶员都必须具有相应资质：客运单位除了具有营业执照外，还必须具有《道路运输经营许可证》；营运车辆除了具有与客运单位户名一致的《车辆行驶证》外，还必须具有《道路运输证》，还必须足额投保《道路客运承运人责任保险》和《机动车交通事故责任强制保险》；驾驶员除了具有准驾营运车辆的《机动车驾驶证》外，还必须具有《从业资格证》。

7.2.2.4 住宿酒店须具有涉及旅游者安全的必备资质：消防部门《消防安全合格鉴定书》、公安机关《旅馆业特种行业许可证》、卫生局《公共场所卫生许可证》、食药监局《餐饮服务许可证》《食品流通许可证》、安监局《电梯安全运行许可证》等。

7.2.2.5 经营高空、高速、水上、潜水、探险等高风险旅游项目，应当按照国家有关规定取得经营许可。

7.2.3 安全保障措施证据——常规旅游项目以及高风险旅游项目或者向老年人、未成年人、残疾人提供旅游服务的安全保护措施预案。

7.2.4 配备专业领队、导游证据——提供接待服务人员的领队证、导游证。

7.2.5 行中履行告知（说明警示提示）义务证据——录音、视频、证人证言、游客意见表等。

7.2.6 事后救助义务证据——报警及急救电话主叫被叫证明，陪同就医等证明。

7.3 垫付费用票据——医疗费、护理费发票等。

7.4 借条或者收条——受损旅游者或家属借支费用的签收凭证。

7.5 已获责任险理赔金额证据——保险公司理赔明细及支付签收单。

（八）拟答辩意见、代理意见书

（九）参加庭审

旅游经营者抗辩主要围绕充分履行安全保障义务。庭审中的关注点：第一，针对旅游经营者已经尽到安全保障义务、损害赔偿金额的合理性、证据的相关性及证明力等陈述辩论意见，必要的话，对于旅游者提供的反驳证据还要跟进后续调查取证工作，进一步补强己方证据；第二，根据旅游经营者在受损事故中的责任区分，针对已垫付费用、地接社或履行辅助人以及实施侵权行为第三人的责任保险已理赔费用应在请求损害赔偿金额中扣除陈述明确意见。

（十）执行

提醒旅游经营者及时履行生效法律文书，以避免原告申请执行而增加费用损失及名誉损失。

第六章　代理旅游纠纷案件涉及主要法规、标准

（一）法律

1.1《中华人民共和国民法总则》

1.2《中华人民共和国民法通则》

1.3《中华人民共和国侵权责任法》

1.4《中华人民共和国合同法》

1.5《中华人民共和国旅游法》

1.6《中华人民共和国消费者权益保护法》

1.7《中华人民共和国民事诉讼法》

（二）司法解释

2.1 最高人民法院《关于审理人身损害赔偿案件适用法律若干问题的解释》

2.2 最高人民法院《关于审理旅游纠纷案件适用法律若干问题的规定》

2.3 最高人民法院《关于适用中华人民共和国侵权责任法若干问题的通知》

2.4 最高人民法院《关于如何理解最高人民法院〈关于适用〈中华人民共和国侵权责任法〉若干问题的通知〉第四条的答复》

2.5 最高人民法院《关于确定民事侵权精神损害赔偿责任若干问题的解释》

（三）行政法规

3.1《旅行社条例》

3.2《上海市旅游条例》

（四）部门规章

4.1《旅行社条例实施细则》

4.2《旅行社责任保险管理办法》

4.3《司法鉴定程序通则》

（五）行业标准

5.1《旅行社服务质量赔偿标准》

5.2《上海市境内旅游合同示范文本（2013 版）》

5.3《上海市出境旅游合同示范文本（2013 版）》

5.4《上海市邮轮旅游合同示范文本（2015 版）》

5.5《境内旅游组团社和地接社合同（示范文本）》

本指引为全国首部《律师办理旅游纠纷案件操作指引（2017）》，由王立群律师撰写，为指导律师正确办理旅游纠纷案件，依法履行职责而制定；对广大旅游法律工作者以及旅行社经办人配合律师办好旅游纠纷案件，依法争取旅行社利益最大化、维护旅行社的合法权益，颇具参考价值。

后 记

满怀着奋进的激情，伴随着收获的喜悦，值此本书出版之际，写下期望和祝福。

感恩

感恩是奏响我们生命乐章的主旋律，我们从具备生命个体开始，就开始接受亲朋好友的照顾，接受集体的培养和教育，伴随着我们成长，让我们时时怀着感恩的心来对待生活的每一天。感恩父母给了我们生命，感恩领导与同事对我们关心支持和帮助，感恩知识带给我们智慧和力量，感恩挫折带给我们经验和教训，感恩清晨的第一缕阳光带给我们一天的明媚……感恩让我们积聚生命的正能量。为帮助旅行社规避风险，萌发了出版一本让旅行社等旅游经营者能够快速理解、适用经营规范的工具书的念头。想法一经提出，立即得到了上海市律师协会、上海市旅游行业协会及各地友好单位的支持，积极为本书的出版出谋划策。感动在心，限于篇幅，恕不一一注明，在此一并表示衷心感谢！

责任

责任是伴随我们一生的主题曲。我们要学会对自己负责、对别人负责、对家人负责、对公司负责、对社会负责、对国家负责、对人类负责。人只有有了责任感，才能具有驱动自己一生都能够正视困难勇往直前的不竭动力，才能够感到许许多多有意义的事需要自己去做，才能感受到自我存在的价值和意义。

近几年，我解决的众多旅游纠纷中，两起案件尤为令我记忆犹新。一件是上海某国际旅行社有限公司财务人员，用网上汇款支付地接费，当鼠标点击收款人账户时同时显示出以前曾汇款的五组账户，财务疏忽大意错点一行，将原本应汇款的第二组账户误选为第三组，将30余万元地接费一瞬间错划入上海某航空服务有限公司的账户，恰逢该公司已频临破产，账户已被北京市某法院查封，30余万元随时可能被北京市某法院执行而无从追回。旅行社抱着最后一线希望慕名而来，向行业协会紧急求助，律师紧急启动诉讼程序，向静安区法院起诉要求上海某航空服务有限公司返还不当得利，静安区法院判决返还的判决书很快下达后，法官坦言相告，官司打赢也拿不到钱的，因为上海某航空服务有限公司账户被北京市某法院查封在先，且查封的余额不足，返还不当得利为一般债权不能优先受偿，等待北京市某法院执行完毕后，显然无余款偿付。当时大家都劝我别费劲了，要追回这笔款没有可能。一种强烈的责任心油然而生，我坚信上海某国际旅行社有限公司和上海某航空服务有限公司没有任何经济交易为前提的这笔错划款，不应为一般债权，北京市某法院执行错划款显然没有法律依据。经缜密研究部署后，律师向北京市某法院提出执行异议之诉，要求立即停止执行，经过近一年的波折和诉讼，北京市某法院最终作出了停止执行的判决，由静安区法院将这30余万元划回上海某国际旅行社有限公司账户。

另一件是上海旅行社行业首起旅游广告侵犯商标权的案件，上海某国际旅行社有限公司在《今日旅游》刊登了题为“××假期”的北美旅游广告，谁知“××”二字几年前已被注册商标，该商标持有人状告上海某国际旅行社有限公司侵犯商标权要求赔偿50万元。旅行社自知理亏，带着寻求将赔偿损失降到最小的愿望，向行业协会紧急求助，律师经过内查外调，获悉商标持有人在本市某旅行社有限公司做某专线，随即奔赴该旅行社磋商，起初该商标持有人拿出在武汉法院同类侵犯商标权案件赔偿30万元的判决，一意孤行不予让步。当时许多人劝我放弃调解别再费劲了，但强烈的责任感使我心有不甘，在法院承办法官的支持和配合下，律师牵头双方旅行社总经理及当事人经过多轮协调，最终达成了和解协议，由上海某国际旅行社有限公司给予商标持有人所在的某旅行社有限公司某专线的地接优先权等，通过地接的利润做补偿，商标持有人向法院撤回了起诉，本案以撤诉结案，避免了同室操戈，化干戈为玉帛。

理想

理想是我们思想的先驱，行动的标杆。我们应该有自己的理想，这样才不会迷失自己。理想给予人们一个方向，一个目标，是我们在做事情时的原动力。理想是要靠努力奋斗来实现的，做同样的一种工作，有理想与没有理想可能是两种截然不同的结果，不管处在什么样的环境下，我们不能忘记、放弃了自己的理想，在任何的情况下我们不应该让自己消沉，这样的人生才有意义。我在旅游行业为旅行社提供法律服务，从 1999 年在新疆路 196 号上海市国内旅游协会担任常年法律顾问开始，至今已经 20 多年了，常有人说我每月的顾问费还不到上海市的每月最低工资标准，图个啥呢？答案很简单，这 20 多年的风风雨雨使我对旅游行业产生了感情，从刚开始入行摸索逐渐熟悉到研究精通旅游法律，到为旅游行业宣传讲授旅游法律，期间离不开旅游局、旅游行业协会及其旅行社分会、律师协会相关领导以及广大旅行社同人的关心支持与帮助，我以协会为家并为之工作而快乐。今后将再接再厉，一如既往地为广大旅行社提供法律服务，防范旅游风险，化解旅游纠纷，营造和谐氛围。

善待生命

这些年，从“非典”到禽流感，从汶川大地震到世界末日的谣传，无疑是对人类的考验，许许多多的人们经历了灾难与痛苦，也让我们体会到生命的珍贵和猝不及防。我们无法预知未来，唯一能做到的就是：善待生命，珍惜眼前的每一天，做好每一天的工作，踏踏实实，认认真真，平平安安地珍惜当下，做好每一件事情。

这本以务实精神和法制原则下产生的富有针对性和实用价值的工具书，在中国旅游出版社的帮助下得以顺利出版，笔者计划借此契机，围绕旅游经营过程中的法律、法规解读及应对，做成“立群法务”系列丛书，激扬和带动更多旅游企业尊重法律、学习法律、运用法律，为推动旅游行业依法办事，规范化运营贡献微薄之力。如此，善莫大焉！

作者于 2019 年 7 月 18 日